D0306294

ÉTIENNE CHARTIER

Curé de Saint-Benoît
Patriote et rebelle

La collection « MÉMOIRE QUÉBÉCOISE »
a été fondée et est dirigée par Gilles Boileau

DANS LA MÊME COLLECTION

Gilles Boileau

ÉTIENNE CHARTIER

Curé de Saint-Benoît
Patriote et rebelle

Textes colligés et présentés
par Gilles Boileau

collection
« MÉMOIRE QUÉBÉCOISE »

ÉDITIONS DU MÉRIDIEN

Nous remercions le Conseil des Arts du Canada de l'aide accordée à notre programme de publication. Les Éditions du Méridien bénéficient également du soutien du Programme d'aide au développement de l'industrie de l'édition et de la Société de développement des entreprises culturelles.

Données de catalogage avant publication (Canada)

Boileau, Gilles, 1931.

   Étienne Chartier, curé de Saint-Benoît, rebelle et patriote

   ISBN 2-89415-244-2

   1. Chartier, Étienne, 1798-1853. 2. Canada - Histoire _ 1837-1838 (Rébellion). 3. Saint-Benoît-du-Lac (Québec) - Histoire - 19ᵉ siècle. 4. Église catholique - Québec (Province) - Saint-Benoît-du-Lac - Biographies. I. Titre.

FC451.C42B64 1999   971.4'02'092   C99-941463-1
F1032.B64 1999

Éditions du Méridien
1980, rue Sherbrooke Ouest, bureau 540
Montréal (Québec) H3H 1E8
Téléphone : (514) 935-0464
Adresse électronique : info@editions-du-meridien.com
Site Web : www.editions-du-meridien.com
Conception graphique et mise en page : Rive Sud Typo Service Inc.
Document de couverture : Archives du Séminaire de Nicolet

ISBN : 2-89415-244-2
© Éditions du Méridien 1999
Dépôt légal : troisième trimestre 1999,
Bibliothèque nationale du Québec
Bibliothèque nationale du Canada

PROLOGUE

Le jour est peut-être venu de revoir nos jugements sur celui qu'on a appelé parfois l'aumônier des Patriotes, l'abbé Étienne Chartier, ci-devant curé de Saint-Benoît de 1835 à 1837. Disciple de Papineau, il a participé activement au mouvement insurrectionnel au nord de Montréal sans cependant en être l'un des chefs.

La vie et l'œuvre de ce prêtre dont on ne peut au moins mettre en doute les bonnes intentions et surtout le dynamisme se résument en une longue errance et en un conflit permanent avec ses supérieurs, les évêques de Québec et de Montréal.

On comprend beaucoup mieux le comportement de l'abbé Chartier en 1837 quand on sait ce qui s'est passé durant son séjour au collège de Sainte-Anne. Le destin de cet homme semblait déjà tout tracé dès ce moment.

En nommant l'abbé Chartier curé d'une paroisse où régnait une forte agitation patriotique, on se demande si Mgr Lartigue ne souhaitait pas la perte du nouveau curé qui avait eu le tort de lui tenir tête trop souvent. Connaissant les antécédents de ce prêtre et compte tenu de la situation socio-politique dans laquelle se trouvaient les cantons du Nord et le pays des Deux-Montagnes, Mgr l'évêque de Montréal a peut-être tendu un piège bien cruel à son nouveau curé. En attendant ce jugement, il serait grandement temps que nous examinions avec un peu plus de sérénité le «dossier Chartier».

Il faut savoir en effet que pendant de nombreuses années, Mgr Lartigue a refusé de recevoir l'abbé Chartier dans son diocèse. Puis, quand il change d'idée, il l'envoie en quelque sorte au bûcher. Déjà le curé Chartier avait été plus d'une fois le bouc émissaire de l'évêque de Québec qui ne lui avait jamais pardonné son discours anti-britannique prononcé lors de l'inauguration du collège de Sainte-Anne en 1829. Le jeune prêtre avait par la suite été contraint de déménager ses pénates d'une paroisse à l'autre, jusqu'à ce qu'il se retrouve à Saint-Benoît.

Pourquoi cet ostracisme à l'égard du curé Chartier? D'abord parce que c'était un homme au franc parler et aux méthodes d'avant-garde. Lors de son séjour au collège de Sainte-Anne où il était directeur, il avait rendu la messe quotidienne facultative! Par ailleurs, ce qu'on lui reprochait surtout c'était d'avoir osé dire tout haut ce que chacun croyait mais n'avait pas le courage d'affirmer: il n'y avait rien de bon à attendre pour les «Canadiens» de la part des autorités du pays qui étaient des Britanniques.

Mais ce sont surtout ses idées et ses gestes qu'il faudra réexaminer avec calme et à la lumière du véritable contexte social, économique et politique de l'époque. Quel rôle a-t-il réellement joué dans ces événements de 1837? Quelles étaient ses convictions profondes? Ses antécédents familiaux et ses relations avec son évêque expliqueraient peut-être son comportement. A-t-il eu tort de fuir devant le combat au matin du 14 décembre 1837 à Saint-Eustache? On vénère encore Papineau dont on ne sait pas s'il a fui avant le combat de Saint-Denis ou s'il a posé un «geste stratégique» en se réfugiant aux États-Unis et en France. Pourquoi Chartier, tout comme Papineau, n'aurait-il pas jugé plus sage de «sauver sa peau» afin de pouvoir être encore utile dans les années difficiles qui allaient suivre. Nous ne le saurons sans doute jamais.

Les documents et réflexions que nous présentons dans cet ouvrage n'ont d'autre objectif que de rendre justice à Étienne Chartier, prêtre mais aussi patriote.

Mgr Plessis fut le premier à faire obstacle à sa vocation en 1825, Mgr Panet l'a mis en réclusion suite à son discours de Sainte-Anne en 1829, Mgr Signay l'a plus d'une fois abandonné quand il aurait dû le soutenir, Mgr Lartigue l'a condamné et «interdit» en 1838, Mgr Bourget l'a forcé à se repentir en 1841. Qui sont les vrais coupables?

En 1987, les évêques du Québec ont réhabilité les Patriotes de 1837, qui en réalité n'avaient jamais été excommuniés, comme on l'avait laissé croire. On a alors déposé les restes de Chénier en terre consacrée.

Dans le petit cimetière de Saint-Gilles-de-Lotbinière, le curé Étienne Chartier a trouvé la paix et la sérénité. Peut-être souhaite-t-il que les descendants de ceux pour qui il a si intensément lutté retrouvent la mémoire.

Dans le village, tout à côté, l'école ÉTIENNE CHARTIER rappelle quand même à quelques jeunes que ce curé, dont on ne parle plus, avait le sens de l'honneur et surtout beaucoup de cœur!

* * * *

Nombreux sont les fonds d'archives qui conservent une riche documentation sur Étienne Chartier: aux Archives nationales, bien entendu, mais aussi aux Archives de la Côte du Sud (La Pocatière), au séminaire de Nicolet et à l'évêché de Saint-Jérôme. La consultation du fonds de la famille Papineau et des papiers Duvernay, à Québec, sera utile de même que l'examen du fonds Viger-Verreau aux Archives du séminaire de Québec.

L'analyse la plus lucide de la vie et de l'œuvre du curé Chartier est sans doute celle que lui consacre Richard Chabot dans le *Dictionnaire biographique du Canada*. Il en parle aussi dans «Le curé de campagne et la contestation locale au Québec de 1791 aux troubles de 1837-38» (Montréal, Hurtubise HMH, 1975).

Dans les *Écrits du Canada français* (Montréal, 1974), Richard Chabot a aussi présenté et commenté la lettre adressée par le curé Chartier à Papineau en novembre 1839. Il s'agit là d'un document qui jette un éclairage tout à fait particulier et essentiel sur la rébellion de 1837-38.

Grâce à la persévérance de M. Gaston Saint-Jacques, qui, en tant que secrétaire du Comité des Fêtes des 200 ans de Saint-Benoît (1799-1999), a constitué un recueil des *Principales archives connues de la fabrique de la paroisse de St-Benoît, Mirabel (1794-1931)*, nous avons la certitude de connaître beaucoup mieux le prêtre dévoué et le patriote convaincu que fut l'abbé Étienne Chartier, ci-devant curé de Saint-Benoît.

On lira aussi avec curiosité trois travaux publiés il y a plus de 50 ans... C'est en 1933, dans *la Patrie*, qu'Ægidius Fauteux a publié « les Carnets d'un curieux : Étienne Chartier ou les avatars d'un curé révolutionnaire ». Dans *le Canada Français* (1837-1838), l'abbé Pascal Potvin, professeur au collège de Sainte-Anne-de-la-Pocatière - comme le curé Chartier - parlait de « l'Aumônier des patriotes de 1837 ». Pour sa part, dans *les Cahiers des Dix*, en 1941, Me Francis-J. Audet, archiviste émérite, consacrait également quelques pages à « l'Abbé Étienne Chartier ».

Dans ces trois derniers cas, il s'agit d'articles plutôt réprobateurs avec une nette tendance à la commisération et à l'indulgence.

Le lecteur ne trouvera pas dans cet ouvrage une biographie du curé Étienne Chartier. Nous avons plutôt souhaité revivre avec lui quelques épisodes marquants de son parcours afin de mieux le connaître et surtout pour lui rendre justice. Il a beaucoup aimé les siens au point de leur avoir consacré toute sa vie. Il a droit à notre reconnaissance et à notre respect. Nous avons envers lui un devoir de mémoire.

Gilles Boileau

I

UN DESTIN DÉJÀ TRACÉ
Le poids du discours de Sainte-Anne

Étienne Chartier était de bon sang et avait de qui tenir. Rebelle comme son grand-père et son père, il en avait aussi le courage, la fierté, la détermination et peut-être aussi éprouvait-il la même hostilité envers les Britanniques. Avec bien d'autres de leurs compatriotes, ces deux «Jean-Baptiste Chartier», père et grand-père, appartenaient à cette race qui n'accepta jamais de bon cœur la conquête de 1760 et qui elle aussi ne voulait pas mourir.

Un document publié dans le *Rapport de l'Archiviste de la province de Québec pour l'année 1927-28* va nous mettre sur la piste. On y apprend en effet qu'un bon nombre de Canadiens se rangèrent du côté des «Bostonnais» au moment de l'invasion américaine de 1775-1776. Ainsi parmi les Canadiens qui, le 25 mars 1776, prirent part à l'action aux côtés des Bostonnais chez Michel Blais, à Saint-Pierre-de-la-Rivière-du-Sud, on retrouve le nom de Jean-Baptiste Chartier. Avec un grand nombre de concitoyens - des Canadiens qu'on appelait des « rebelles » - le grand-père du futur curé de Saint-Benoît combattit les Britanniques qui occupaient le territoire de la paroisse. Par contre, parmi ceux qui se joignirent aux Britanniques, il y avait aussi un prêtre du nom de Bailly, le curé peut-être. Déjà, les Chartier n'étaient pas du « bon bord ».

Il ne faut pas se surprendre qu'Étienne, plus d'une fois dans sa vie de pasteur, choisisse de s'opposer à des décisions de ses supérieurs. Là, il imitait son père qui en 1803 avait protesté vivement contre une décision du curé Paquet qui avait voulu supprimer la fête patronale. Richard Chabot, dans le *Dictionnaire biographique du Canada*, écrit avec raison :

> Dès ses premières années, le jeune Étienne a-t-il appris à maudire le despotisme britannique et a-t-il développé en lui les premiers aspects d'un esprit d'indépendance dont il fera de plus en plus preuve à mesure qu'il grandira.

Fils de Jean-Baptiste Chartier, cultivateur, et de Marie-Geneviève Picard Destroimaisons, Étienne est né le 6 juillet 1798 à Saint-Pierre-de-la-Rivière-du-Sud, dans l'arrière-pays de

Montmagny. De constitution plutôt fragile, le jeune garçon est épargné des difficiles corvées de la ferme et commence tôt ses études. Confié à l'ancien sacristain de la chapelle des Jésuites qui s'avère un maître rigoureux et exigeant qui lui inculquera ses premières notions de latin, le jeune homme se retrouve au Séminaire de Québec en 1811. Il avait juste 13 ans quand il découvrit la ville de Québec. Il se voit donc un peu malgré lui mais avec grand plaisir à portée de voix de la Chambre d'Assemblée, parmi une foule grouillante d'hommes politiques dont quelques-uns ne tarderont pas à l'impressionner.

Ses études terminées au petit séminaire, il choisit le sacerdoce et entame ses études de théologie. Ignace Bourget, un de ses condisciples, deviendra l'un de ses amis. Il y fera aussi la connaissance de l'abbé Ferland, le futur historien. Propulsé à la tête du diocèse de Montréal en 1840, Bourget n'aura pas toujours des relations amicales avec son ancien condisciple.

À peine a-t-il commencé ses études en théologie, qu'il change subitement d'avis - cela lui arrivera souvent - et veut devenir avocat. Fauteux écrit dans la *Patrie*, en 1933 :

> Peut-être dans l'ardeur patriotique qui l'enflammait vraisemblablement déjà, ambitionnait-il de faire du barreau une sorte de tremplin

pour arriver jusqu'à l'arène parlementaire et y poursuivre la lutte commencée par nos devanciers pour la défense de nos droits nationaux.

Noble pensée que celle de Fauteux. Peut-être voyait-il juste ; mais il eut aussi des jugements beaucoup moins amènes à l'endroit de Chartier quand il écrit, par exemple, que « ses maîtres avaient pu gonfler ses voiles, mais ils n'avaient pas réussi à assurer son gouvernail ».

S'infiltrant peu à peu dans le milieu patriote de Québec, il fait très tôt la connaissance de Louis-Joseph Papineau dont il sera un admirateur sans limite et un disciple inconditionnel jusqu'en novembre 1839... alors qu'il écrira à l'intention du grand chef patriote une lettre que, finalement, il ne lui expédiera jamais lui-même. Rédigée sous forme de réquisitoire violent et implacable, cette lettre, publiée à l'insu de son auteur par des membres du parti patriote qui craignaient le retour de Papineau - dont Louis-Hyppolite La Fontaine, blessa profondément le grand tribun et encore davantage les membres de sa famille, qui était fort étendue, et qui par la suite manifestèrent plus d'une fois leur méfiance à l'égard de l'abbé Chartier.

Son amitié naissante avec le grand tribun était telle qu'il fut l'un des témoins à la signature de son contrat de mariage. Pendant de très nombreuses années, Chartier pouvait prétendre compter sur des amis nombreux et d'une grande honorabilité. C'est lui qui, tout jeune vicaire à Saint-Gervais, le 30 juin 1829, bénira le mariage du journaliste Étienne Parent avec Henriette Grenier !

Tout en poursuivant ses études de droit commencées en 1818, Chartier trouve un médium d'expression à sa mesure. Il sera rédacteur en chef d'un nouveau journal, le *Canadien*. Ce journal passera plus tard dans les mains d'Étienne Parent. En raison de sérieuses divergences de vues avec les premiers propriétaires du journal, Chartier démissionne peu de temps après son arrivée au journal, avec son ami Augustin-Norbert Morin.

S'il semblait déjà donner des signes évidents d'instabilité, il avait au moins le courage de ses idées. Partout au Bas-Canada, en cette décennie 1820, la question des subsides occupe tous les esprits et est l'objet de toutes les discussions.

Chartier se laisse prendre au jeu et peu à peu il s'introduit dans les milieux politiques, patriotiques et réformistes bien entendu. Délaissant ses études de droit entreprises à Québec auprès du futur député Louis Lagueux, on le retrouve dans l'entourage de Denis-Benjamin Viger, à Montréal. Il a alors 22 ans et le milieu patriote est en plein bouillonnement. Il y vit des moments intenses auprès de gens aux noms prestigieux: Papineau, Morin, Viger, Parent et en éprouve de vives satisfactions. Il se met à rêver et à espérer. Le 23 décembre 1823, il reçoit sa commission d'avocat, mais les avocats sont nombreux à Montréal et il se retrouve dans le lot des infortunés avocats « sans causes ».

Encore tout jeune, sa carrière d'avocat est déjà terminée. Premier échec, première déception. Mais un nouveau départ s'offre à lui. Grâce aux nombreuses relations qu'il a tissées au cours des années précédentes, il fait la rencontre de l'abbé Rémi Gaulin, curé de Notre-Dame-du-Portage (l'Assomption) et futur évêque de Kingston, qui a entendu parler de ce jeune homme aux nombreux talents et à la vaste culture et qui l'invite à créer une école de fabrique dans sa paroisse. Aux dires du Dr Jean-Baptiste Meilleur, premier surintendant de l'Instruction publique au Canada et l'un des fondateurs du futur collège de l'Assomption, M. Chartier avait su créer une école qui atteignait l'excellence.

Dans son *Mémorial sur l'Éducation au Bas-Canada*, le Dr Meilleur en disait le plus grand bien. En vérité, cette école mise sur pied par M. Chartier est l'ancêtre direct du réputé collège de l'Assomption. À regret, jamais personne n'a semblé vouloir le reconnaître et encore moins le dire.

Autre tournant dans la vie d'Étienne Chartier. En 1825, alors qu'il est toujours à l'Assomption, il songe à revenir au sacerdoce dans le diocèse de Québec où il avait entrepris ses études de théologie. Pour le moment, Mgr Plessis, évêque de Québec, ne veut pas de ce candidat à la prêtrise dans son diocèse en raison de son inconstance et c'est Mgr Lartigue, évêque de Telmesse (le diocèse de Montréal n'était pas encore créé) qui, après au moins deux autres refus de Mgr Plessis, lui donne la tonsure, le jour de Noël, dans l'église Saint-Jacques.

Avec le décès de Mgr Plessis et son remplacement par Mgr Panet, les relations du jeune séminariste avec l'évêque de Québec vont peut-être se rétablir. Mais les évêques sont fermes et changent difficilement d'idées: il pourra songer à devenir prêtre quand il aura liquidé ses dettes. C'est son frère qui un jour le fera pour lui.

Mais à Québec comme à Montréal on s'inquiète sérieusement du manque de prêtres. Par un destin qu'on pourrait croire providentiel, Chartier peut donc retourner au Grand Séminaire de Québec... malgré les deux évêques qui le reçurent dans les rangs du clergé pour des raisons qui ne sont pas étrangères à une certaine forme de mesquinerie et d'opportunisme. Cela leur ferait un prêtre de plus. Quoi qu'il en soit, Étienne Chartier sera ordonné prêtre dans la cathédrale de Québec le 23 décembre 1828. Il avait 30 ans. Immédiatement il devient vicaire à Saint-Gervais-de-Bellechasse.

En vérité, Étienne Chartier a surtout commencé à faire parler de lui alors qu'il était directeur du collège classique de Sainte-Anne-de-la-Pocatière. Mais son séjour sur la Côte du Sud fut de courte durée, c'est-à-dire de septembre 1829 à septembre 1830. Il dut quitter le collège un peu comme il quitta sa paroisse de Saint-Benoît. Si nous connaissons assez bien - dans la vie de Chartier - l'épisode de 1837, nous connaissons moins bien - ou presque pas - l'épisode de Sainte-Anne-de-la-Pocatière. On comprend beaucoup mieux le comportement de l'abbé Chartier en 1837 quand on sait ce qui s'est passé durant son séjour au collège de Sainte-Anne. Le destin de cet homme semblait déjà tout tracé.

Nommé curé de «Sainte-Anne-de-la-Grande-Anse» en 1814, l'abbé Charles-François Painchaud y passa les 24 dernières années de sa vie. Dès son arrivée, le nouveau curé se mit dans la tête de doter la région du Bas du Fleuve d'une grande maison d'enseignement. Les travaux de construction du futur collège commencèrent en juin 1827. Il fallut bien vite trouver un directeur pour ce tout nouveau collège. Connaissant, pour l'avoir rencontré quelques fois, l'abbé Chartier dont il avait su apprécier les vastes talents et ses idées originales sur l'éducation de la jeunesse, il demanda à Mgr Panet de lui donner ce tout nouveau prêtre, rempli de promesses, comme premier directeur de cette nouvelle institution d'enseignement. C'était d'autant plus important que ce serait la première sur la rive sud, en bas de Québec. Le curé Painchaud insiste même auprès de l'abbé Chartier pour qu'il rédige en bonne et due forme, et mette sur papier, les principes directeurs du système d'éducation qu'il entendait mettre en application dans le collège projeté. Chartier profitera d'une période de semi-repos, en raison d'une santé fragile, pour répondre à ce souhait du curé fondateur.

Le 28 octobre, le curé de Sainte-Anne lance un vibrant appel à Mgr Panet:

> Si Votre Grandeur le veut elle aura un collège ecclésiastique de plus dans son vaste diocèse. Si, au contraire, elle juge à propos de refuser la grâce que nous sollicitons aujourd'hui, le soussigné se croit obligé en conscience de lui déclarer humblement qu'il ne se sent ni la force ni les moyens d'organiser même une école élémentaire dans le nouveau collège.

Le curé Painchaud a besoin du jeune abbé Chartier. Mgr Panet hésite - peut-être a-t-il une vague appréhension ou sa sagesse de pasteur lui laisse-t-elle entrevoir quelques problèmes - toujours est-il qu'il accepte la requête de M. Painchaud, quinze jours seulement avant l'ouverture prévue du collège de Sainte-Anne. Le 23 septembre, en présence de Mgr Signay, évêque coadjuteur de Québec, qui remplace Mgr Panet retenu en son palais par la maladie, c'est, au milieu de vives réjouissances, l'entrée des élèves et l'inauguration du collège. Les dignitaires sont nombreux dont plusieurs hommes politiques.

C'est en ce jour que commençait véritablement la grande aventure du curé Étienne Chartier.

À la grand'messe, Chartier est invité à prononcer le discours d'inauguration en tant que « Monsieur le Principal », pour reprendre une expression de M. Painchaud. Il prononce un grand sermon qui fut apprécié et religieusement écouté et qui ne parut pas sur le moment être autrement remarqué. La fête se déroula dans une grande joie. Mais Chartier commit l'imprudence, peut-être bien volontaire, de remettre le texte de son allocution à un journaliste présent. Voici quelques passages de ce mémorable exposé dont on retrouvera le texte intégral dans la deuxième partie de cet ouvrage :

> Jouissez, citoyens de Sainte-Anne... Oui, tout bon citoyen, et tout bon catholique doit se réjouir de l'érection de cette maison, parce que tout bon citoyen doit se réjouir de voir se multiplier les moyens de répandre l'éducation dans le Canada...
>
> De plus, que tout bon citoyen doive se réjouir de voir se multiplier les moyens de répandre l'éducation en Canada, parce que le Canada a le besoin le

plus urgent de l'éducation, il suffit pour s'en convaincre de jeter un regard autour de nous.

Environnés d'une population étrangère, aussi différente avec nous de religion et d'habitudes que d'origine, fière de sa puissance et de sa prééminence acquise sur les autres nations, orgueilleuse de ses lumières, de ses richesses et de ses succès, animée d'un tel esprit public que chaque individu s'identifie avec la nation, que la gloire et l'importance acquises par le corps en général, chaque particulier se l'approprie; quelle sympathie pouvait-on attendre entre ces fiers bretons et une province sortie d'une nation ennemie et toujours rivale?

Une lutte devait nécessairement s'en suivre. Quelle différence, quel respect devait-on attendre d'eux pour les droits d'une province que leur intérêt particulier et leur orgueil national leur suggéraient de regarder et de traiter en province conquise? Ils devaient naturellement tendre à établir en Canada l'ilotisme politique, comme ils l'ont essayé naguère sous un chef trop facile. Forts d'une supériorité que leur donnait une plus profonde connaissance des institutions anglaises substituées aux institutions françaises dans le pays, forts surtout d'une éducation supérieure à celle de la masse des Canadiens, qu'est-ce que ceux-ci pouvaient attendre d'eux? Le mépris, qu'ils ne nous ont pas épargné depuis la conquête.

Qu'est-ce donc qui sauvera le Canada du mépris, de la dégradation, de l'esclavage politique? L'éducation, l'éducation politique; et si l'on fait réflexion que nos droits religieux reposent sur la même base que nos droits politiques, on ne devra pas trouver étrange que j'appuie, dans la chaire évangélique, sur des considérations politiques que la circonstance amenait nécessairement.

Le message de Chartier est clair : c'est par l'éducation, donnée entre autres par les collèges, que nous allons nous épanouir et nous libérer de l'emprise des Bretons dont il n'y a rien à attendre.

Ces quelques phrases ont semé la panique et la consternation parmi l'auditoire. Partout, on parlait d'un véritable scandale. Mais l'opinion publique était partagée. Les journaux firent un large écho à cet incident, les anglophones vouant le jeune prêtre aux enfers et les francophones étant majoritairement d'accord avec lui. On en parla même au parlement de Londres. L'évêque de Québec convoqua Étienne Chartier qui avait eu le malheur - ou l'imprudence - de condamner sans les précautions nécessaires la tracassante et irrespectueuse bureaucratie britannique. Le fondateur du collège, l'abbé Painchaud, dut défendre son jeune directeur devant le gouverneur Sir James Kempt. Les esprits retrouvèrent un brin de sérénité et l'abbé demeura à son poste... pour un certain temps. L'abbé Étienne Chartier fut en effet invité à quitter assez rapidement ses fonctions de directeur des études du collège. Commença alors pour lui une certaine errance...

En vérité les ennuis de Chartier ont commencé à la suite de la publication de son texte dans la *Gazette de Québec* le 28 septembre. Ce fut un tollé général chez les anglophones qui prétendaient avoir été ignominieusement insultés par l'insolent prédicateur. Le *Quebec Mercury* et le *Quebec Star,* entre autres, demandèrent la tête du coupable. D'autres journaux prirent la défense du curé Chartier... «Ce discours, après tout, ne disait que la vérité» écrivait-on dans certains journaux. Le Conseil exécutif (James Stuart) et l'administrateur (Sir James Kempt) demandèrent à l'évêque de Québec une punition exemplaire pour le coupable. La population «française» se fit pressante auprès de Mgr Panet pour qu'il ne cède point aux pressions injustes et ne commette pas une atteinte aussi injustifiée à la liberté sacrée de parole. Mgr Panet faiblit et céda aux pressions de Sir James Kempt et il fut question d'exiler l'abbé Chartier à Arichat ou à Caraquet... mais Chartier ne s'y rendit jamais...

La *Gazette* rapporte aussi qu'au banquet on a porté des *toasts*, entre autres...

Aux amis et bienfaiteurs du collège, en tête Son Excellence Sir James Kempt, administrateur de cette province, comme le premier et le plus généreux de tous - puisse-t-il ne jamais laisser le Canada pour le bonheur de cette partie des possessions britanniques et celui de cette maison en particulier».

C'est pourtant ce même James Kempt qui demandera dans les semaines suivantes la tête de l'abbé Chartier.

Le choix de M. Chartier comme directeur du nouveau collège, on le sait, a été le fruit d'une sérieuse discussion entre l'évêque de Québec et l'abbé Painchaud. Painchaud connaissait Chartier et appréciait ses talents. Mgr Panet, lui, se méfiait sans doute du caractère vif et instable du jeune ecclésiastique. C'est sans doute cette période d'hésitation qui explique la teneur d'un communiqué paru dans la *Minerve* du 22 juin, trois mois avant l'ouverture réelle du collège :

> Collège de Ste-Anne : Comme Monseigneur de Québec se trouve pour le moment dans l'impossibilité d'envoyer au Collège de Ste-Anne le directeur prêtre qu'il avait gracieusement offert, les classes qui auraient dû ouvrir vers le 1er juillet prochain ne s'ouvriront que lorsque Sa Grandeur sera libre de tenir sa promesse, ce qui dans tous les cas ne peut aller au-delà de la St-Michel.

La responsabilité que portait M. Painchaud en imposant M. Chartier comme directeur était lourde. En effet, il n'avait pas droit à l'erreur compte tenu de l'opposition qui se manifestait assez ouvertement contre la création de nouveaux collèges dans le Bas-Canada. Choisir un directeur qui ne ferait pas honneur à l'éducation serait grave. Ce le serait d'autant plus dans cette région que déjà il y avait rivalité entre diverses paroisses pour la construction de nouvelles institutions d'enseignement comme en fait foi cette correspondance adressée de *Kakouna*, par «un ami du pays», à la *Minerve*, en février 1829:

> ... Savez-vous que nous devons des remerciements à notre honorable Chambre d'Assemblée qui a renvoyé aux Calendes grecques le projet d'établir, à l'aide de la caisse publique, un collège à Kamouraska? Nous avons déjà trop de ces soi-disant collèges; sans compter que nous sommes menacés d'en avoir d'autres. Trois bons collèges pour les trois districts du Bas-Canada, voilà qui est suffisant. Québec et Montréal ont chacun un établissement solide et bien fondé. Tout y est grand. Les Trois-Rivières en possèdent un légalement reconnu et qui ne peut parvenir à son but.

> Quant aux collèges d'Yamaska, de Chambly, de Ste-Anne, et autres encore *in petto,* j'aimerais à y voir la jeunesse commencer un cours d'études, y prendre les premiers principes, pour aller ensuite terminer avantageusement les cours dans nos vrais collèges...

En effet, à sa séance du 3 février 1829, la Chambre d'Assemblée avait rejeté un projet de résolution qui aurait reconnu que «la paroisse de Kamouraska est, sous le rapport de la population du comté de Cornwallis, l'endroit le plus central pour l'établissement d'un collège». La Chambre avait la conviction que «l'établissement d'un autre collège dans le dit comté pourrait porter préjudice au collège projeté de Ste-Anne et qu'un tel collège est suffisant».

N'eût été des journaux anti-Canadiens, on n'aurait peut-être jamais parlé du discours de Ste-Anne. C'est la *Minerve* qui se mit en frais de défendre le jeune directeur du collège. Elle le fit avec passion et en profita pour étaler et défendre les idées du journal plutôt que de justifier les propos de l'abbé Chartier.

Une telle attitude a dû choquer sensiblement les autorités ecclésiastiques qui manifesteront à l'égard de l'abbé Chartier une méfiance pas toujours méritée. Il arrivera plus d'une fois que le comportement des évêques de Québec et de Montréal à son endroit soit injuste et nettement répréhensible. Le meilleur exemple de cette conduite douteuse à l'égard du curé Chartier nous sera donné en 1835 quand Mgr Lartigue en fera le curé de Saint-Benoît, déjà reconnu depuis de nombreuses années comme un actif foyer de revendications constitutionnelles. Connaissant la fougue, les antécédents tumultueux et les convictions profondes de l'ancien directeur du collège de Ste-Anne, c'était le jeter dans la gueule du loup. Au Grand-Brûlé, à quelques kilomètres de cet autre foyer ardent qu'était Saint-Eustache, au milieu de tous ces chefs patriotes qui s'agitaient - Girouard, Dumouchel, Masson, Chénier, Scott - le nouveau curé allait trouver, comme le prouvera la suite, une terre propice à l'épanouissement de ses idées.

En s'emparant du « dossier Chartier », la *Minerve* rendait un bien mauvais service au jeune prêtre, mais se donnait un merveilleux champ de bataille pour la défense et la propagation de ses principes politiques. Rien n'était plus facile que d'attaquer l'Exécutif et même les évêques à travers ce dossier. Une correspondance du 12 novembre 1829 l'atteste clairement. Signée du pseudonyme *Pensez-y bien,* cette lettre déplore en premier lieu l'injustice dont est victime l'abbé Chartier de la part de l'Exécutif qui aurait exigé une sentence exemplaire à son endroit suite à son discours. Puis, c'est l'évêque de Québec qui est pris à parti pour sa faiblesse devant le Gouverneur. C'est sous ce même pseudonyme que Ludger Duvernay avait signé, en janvier 1832, un article où il traîtait le Conseil législatif de nuisance publique. Cela lui avait valu trois mois de prison.

Après avoir affirmé « que le public est en possession des faits qui ont rapport à la trop malheureuse affaire de Messire Chartier », l'auteur ajoutait que « ce que nous en savons ne peut que faire naître les appréhensions les plus sinistres... »

Une maison d'éducation s'élève, on en fait l'ouverture : un discours analogue à la circonstance, et dont toute la partie qui a rapport aux considérations politiques, est littéralement vraie, fait craindre à ces vaillants satellites que le clergé ne fasse usage du droit qu'a tout sujet anglais de penser et de s'exprimer comme il l'entend sur les intérêts de son pays...

Il faut faire consacrer en principe, que d'être prêtre catholique, efface la marque constitutionnelle de sujet anglais, et pour cela il faut faire exiler M. Chartier. Si une fois, ont-ils dit sans doute, nous réussissons en cela, il sera très facile, au moyen d'un évêque d'accommodement, à qui nous ferons peur, d'en exiler nombre d'autres.

Que ce but presque avoué, et que nous découvrons que trop clairement, réveille le pays entier. Notre liberté est de nouveau menacée. Messire Chartier ne doit pas être considéré comme individu. Non content de le rendre un homme d'importance, les conseillers ont judicieusement fait de la question des droits et des intérêts d'un seul homme, une question de droits et des intérêts de tout un peuple (...) Si Messire Chartier n'obtient pas justice, s'il est sacrifié, le peuple se lèvera en masse et réclamera hautement un citoyen qui lui appartient à tous égards.

Notre clergé est digne d'être soutenu par le peuple, et du peuple seul il est certain d'un appui solide. Ceux de nos ennemis qui flattent nos prêtres, le font pour les tenir dans la sujétion et les engager de rendre le même service au peuple, et comme des oiseaux de proie, au moment favorable, ils fondront sur eux.

En incitant les Canadiens à épouser la cause du curé Chartier, à la fois prêtre et sujet britannique, la *Minerve* mettait la hiérarchie religieuse dans l'embarras en la forçant presque à prendre elle aussi fait et cause pour l'auteur du mémorable sermon.

Le 12 novembre 1829, la *Minerve* insiste dans un éditorial intitulé « Encore un coup d'État ». On y laisse entendre que les pasteurs ont été intimidés et qu'un citoyen anglais, un prêtre catholique, est exilé du sol natal et relégué dans une terre étrangère, sans examen, sans procès, sans que ses accusateurs osent se montrer devant la majesté des lois qui confondrait leurs iniques persécutions ! Voulant forcer la main des évêques, le journal poursuit... « Non, cela ne se peut. Les évêques sont incapables de tant de bassesse, ils n'auront pas fléchi par crainte (...) Messire Chartier ne sera pas exilé ». Puis vient un long exposé des qualités de M. Chartier destiné, bien évidemment, à mettre les évêques dans une position gênante et à les forcer à se prononcer en faveur du prêtre de Sainte-Anne.

Messire Chartier a-t-il, par quelque flagrante inconduite, violé les canons et la discipline de l'Église ? A-t-il enseigné le libertinage aux élèves confiés à sa vigilance ? A-t-il scandalisé les fidèles par l'irrégularité de ses mœurs? Ou bien encore a-t-il cherché à ébranler les principes fondamentaux de la monarchie constitutionnelle, mis le gouvernement en danger, et fait chanceler l'autorité légitime de la Grande-Bretagne? A-t-il prêché la révolte, fait des vœux pour l'étranger, jeté au-delà de la frontière un œil coupable? Non, il a fait plus que tout cela, il a déplu aux conseillers de la dernière administration et à la bureaucratie. La bureaucratie n'est pas le gouvernement, et voilà cependant qu'en expiation de ce forfait énorme, on le déclare indigne de consacrer à l'éducation de la jeunesse ses heureux et rares talents, qu'on le prive comme citoyen de l'enquête de ses pairs qu'il aurait acceptée avec confiance, et qu'on le relègue comme prêtre sur un sol étranger.

Le jeune et courageux directeur des études au collège de Ste-Anne ne s'est donc pas rendu coupable de haute trahison, ni d'outrage envers le gouvernement. Il a dit seulement, il n'a même pas dit tout à fait, qu'en général ceux qui sont venus d'outre-mer s'établir parmi nous depuis la conquête ont traité les habitants avec insolence et avec orgueil, qu'ils ont accaparé tous les pouvoirs de l'État, brouillé toutes les idées d'ordre et de gouvernement, entravé l'éducation nationale, et assailli sans cesse nos institutions politiques et religieuses, assurées par la générosité et la justice de la mère-patrie.

Les procédés utilisés par la *Minerve* à l'égard des évêques sont insidieux. Sans doute les évêques n'oublieront-ils jamais que Messire

Chartier a pu servir bien involontairement d'instrument non seulement à certains journaux mais aussi à certaines personnes qui, à travers son humble personne, ont tenté d'atteindre certains objectifs politiques et parfois même d'assouvir quelques vengeances. À sa façon et en utilisant l'abbé Chartier, la *Minerve* servait d'abord ses fins si honorables soient-elles.

Bien vertueusement, la *Minerve* d'ailleurs se défend bien de vouloir «dévouer à la haine du pays notre vénérable clergé et les respectables prélats qui le gouvernent. Loin de nous ce dessein coupable; nous savons qu'ils marchent avec nous de cœur et de sentiment...»

Sans qu'aucune peine véritable n'ait été requise contre l'abbé Chartier, la rumeur publique voulait qu'il fût «exilé» en Acadie par les autorités religieuses, sous la contrainte de l'Exécutif. C'est alors que la *Minerve* imagine ou suggère ce que les évêques auraient dû répondre à une telle sommation. Elle leur met dans la bouche la réplique suivante...» Vous n'avez pas le droit de nous forcer à l'exiler». Et le journal continue à donner des leçons aux évêques...

> Oui, nous aimons à le croire, c'est ainsi que nos évêques auraient parlé s'ils n'eussent pas cru toute résistance inutile. Ils auraient pourtant par là rassuré leurs concitoyens qui vont peut-être croire que tout ce qui tient au culte national dépend du

caprice absolu de l'autorité séculière, ou plutôt d'une faction étrangère au pays. Ils n'ont sans doute prêté leur ministère que par la crainte de plus grands maux pour la religion et pour le pays; ils ont consenti à ce qu'un homme innocent fût sacrifié pour le salut de tous; ils connaissaient cet homme et savaient qu'il ne répudierait pas le sacrifice.

On poussera même l'audace à laisser sous-entendre que le sulpicien Quiblier, supérieur du Séminaire, avait tenu des propos beaucoup plus répréhensibles lors d'un récent sermon prononcé à Saint-Jacques de Montréal. C'était peut-être vrai, mais les Messieurs de Saint-Sulpice jouissaient d'un respect et d'une vénération qui les rendaient inattaquables. M. Chartier n'avait pas cette carapace.

Il y a une analogie frappante entre le discours de Messire Chartier et celui que prononça Messire Quiblier lors de la bénédiction de l'église de Montréal au mois de juillet dernier... Le discours de Mr Chartier est maintenant sous les yeux du public... Celui de Messire Quiblier, prononcé dans une occasion solennelle en présence du chef de l'Exécutif, et on peut dire même sans exagération devant la moitié du pays rassemblée, n'a été oublié de personne de ceux qui l'ont entendu. Il y divinisait les doctrines de l'obéissance passive la plus épurée, et réprouvait comme infernaux et abominables les principes qui reconnaissent aux peuples britanniques une part absolue et inviolable dans la souveraineté de leur pays. Le Gouvernement en a-t-il été effrayé ? A-t-on rassemblé les sages de l'État pour sonner le tocsin d'alarme ? Non, les sages ont gardé le silence. On n'avait attaqué que les doctrines constitution-nelles, on avait respecté la supériorité politique que s'arrogent un petit nombre de citoyens qui prétendent réunir en eux seuls tout ce qu'il y a de respectable dans le pays, et être en même temps investis de tous les droits et de tous les pouvoirs de la Grande-Bretagne.

La *Minerve* ne désarme pas. Le 16 novembre, dans un long papier, on poursuit les insinuations à l'égard de la hiérarchie religieuse. Sans preuve aucune, on écrit que cette affaire est beaucoup plus déplorable que nous n'avions pu nous l'imaginer; plus déplorable, disons-nous, parce que si nous en croyons des avis dignes de foi, nos seigneurs évêques n'auraient pas attendu l'ordre ni les menaces de l'Exécutif pour trouver condamnable ce qu'ils n'avaient pas désapprou-vé auparavant, mais que les discours de quelques individus, endoctrinés ou suscités par la Bureau-cratie, auraient suffi pour leur inspirer les plus grandes frayeurs et pour les porter à l'acte contre lequel l'opinion publique s'est prononcée si fortement.

Ce sont donc les évêques qui auraient pris, seuls, la décision de sévir contre le prédicateur maléfique en l'exilant en Acadie. Pour la *Minerve*, c'est une victoire du « journalisme bureaucratique ». L'épiscopat aurait fléchi et capitulé devant les pressions...

Il paraît qu'un honorable personnage, et peut-être quelques autres personnes plus ou moins liées avec le gouvernement, ont pris sur eux, sans mission sans doute, de se donner comme les interprètes de l'administration, de dire à nos seigneurs qu'elle était indignée du discours de Mr Chartier et qu'elle s'attendait que l'épiscopat sévirait d'une manière rigoureuse et exemplaire ; que les évêques ont, par suite, décidé que le discours était criminel, qu'ils ont mis une extrême promptitude à expédier à Ste-Anne un ukase fort laconique où il était dit que toutes occupations cessant, Mr Chartier eût à se rendre à Québec avec ses effets... Cependant, Mr Chartier est arrivé à Québec, et on lui a dit, pour toutes raisons, qu'il eût à partir pour Caraquet.

Encore une fois, la *Minerve* pousse l'audace encore plus loin en laissant entendre que les évêques auraient tenté de faire porter l'odieux de cette sentence sur l'Exécutif, laissant entendre également que jamais le clergé n'aurait couru la chance de perdre la confiance du peuple en posant un tel geste. La *Minerve* n'accablait pas les évêques, mais elle faisait tout pour que le résultat soit le même et que ce soit les habitants du pays qui le fassent :

Il est probable qu'on avait donné à entendre que cette mesure était demandée par l'Exécutif; ou du moins adoptée par rapport à lui; et de ce qu'il était impossible à des Canadiens de supposer que le clergé eût pris l'initiative, on en aura conclu que des mesures formelles avaient été prises par le gouvernement. Cette nouvelle s'est accréditée au grand mécontentement du pays et c'est ainsi que par un zèle outré qui n'a pas dû être fort agréable à l'administration, on a compromis auprès du peuple et la religion et le gouvernement.

Enfin, à la *Minerve*, on employait tous les moyens pour faire la preuve que leur cause était bonne et que la cause qu'il soutenait méritait de l'être. En vérité, il semble bien que le sort du malheureux curé Chartier lui-même intéressait moins la *Minerve* que les fins politiques poursuivies par le journal. Ce journal souhaitait davantage combattre l'Exécutif et jeter la disgrâce sur les évêques et une fraction du clergé que de « réhabiliter » l'abbé Chartier.

Ainsi, en s'appuyant encore sur des sources aussi anonymes que frivoles, la *Minerve*, voulant montrer l'ampleur du support que recevait l'abbé Chartier dans tous les secteurs de la société, publiait la note suivante :

Nous apprenons d'un Monsieur qui arrive de Québec que d'après ce qu'on y assurait, les capitaines de goélettes destinées pour la Baie des

Chaleurs qui se trouvent dans le port de Québec ont, à l'unanimité, refusé de prendre Mr Chartier passager à leur bord.

Même les matelots ne voulaient pas être les complices de l'exil de l'abbé Chartier! En fin de compte l'abbé Chartier ne sera pas condamné à l'exil. il retournera à Sainte-Anne jusqu'en septembre 1830 et s'y fera très discret, poursuivant consciencieusement son travail d'éducateur.

Jamais cependant la *Minerve* ne se rétractera et n'aura la délicatesse de s'excuser auprès des évêques et du clergé, pas même d'atténuer, d'expliquer ou de nuancer ses propos souvent outranciers.

À la fin de l'année, le 24 décembre, sous le couvert d'une correspondance anonyme, la *Minerve* s'interroge et écrit «qu'après avoir tant parlé il faut enfin réfléchir et rendre justice à tout le monde». Elle reconnaît même la bonne foi des évêques. Elle met dans la bouche de ce correspondant anonyme (qui signe JUSTICE) les paroles suivantes:

... depuis que les faits sont mieux connus, depuis qu'il est notoire que Mr Chartier est retourné pour régir le collège de Ste-Anne, depuis que l'on sait que l'Évêque n'a suivi dans cette affaire que sa conscience, sans aucune influence indue, a-t-on avoué ingénument qu'on avait été induit en erreur (...) Pourquoi donc, après cela, oublie-t-on de rendre justice à nos évêques (...) en réformant les jugements pour le moins légers qu'on avait portés sur leurs actions?

Ne voulant pas perdre la face et trop orgueilleux pour reconnaître qu'ils avaient en partie fait fausse route, les rédacteurs de la *Minerve* ajoutèrent au bas de cette lettre le commentaire suivant:

> Nous avons inséré l'écrit signé «Justice». Nous voyons avec plaisir que nos évêques ont renvoyé Messire Chartier à la tête de la maison qu'il dirigeait. Mais d'après la connaissance que nous avons des faits, nous ne rétractons rien de ce que nous avons dit.

Cette «affaire malheureuse» marquera profondément le jeune prêtre. Il en sera profondément gêné dans ses relations avec ses supérieurs. Mais si la *Minerve* avait fait preuve de plus de modération et surtout de plus d'honnêteté, le destin du curé Chartier aurait peut-être été changé.

Cette façon de faire incitait à dire que les évêques étaient des «lâches». Tout le reste de sa vie, le curé Chartier portera davantage le poids de l'insolence de la *Minerve* que des conséquences de son discours de Sainte-Anne de la Pocatière.

Finalement, le curé Chartier ne partira jamais pour l'Acadie. Il demeurera à Sainte-Anne et se cantonnera dans un profond silence.

Outre les conséquences de son allocution avec lesquelles il devait vivre, le jeune éducateur dut faire face à la méchanceté de certaines personnes de son entourage, des collègues pour la plupart, qui s'attaquèrent à sa réputation, mettant en cause sa moralité et sa conduite avec les jeunes écoliers. Rien ne fut prouvé, les initiateurs de ces rumeurs n'ayant jamais eu le courage de porter des accusations formelles contre le directeur du collège.

On peut imaginer facilement que quelques-uns des prêtres éducateurs du collège de Sainte-Anne avaient dû voir avec un œil d'envie l'arrivée de cet « étranger » que l'on propulsait au poste de directeur et qui allait attirer sur lui tous les regards de la haute classe de la société lors de l'inauguration du collège.

Et non seulement l'abbé Chartier serait-il le directeur et se pavanerait-il devant députés et ecclésiastiques, mais encore c'est lui qui allait imposer aux étudiants du collège des règlements tout à fait révolutionnaires. En effet, quelques-années auparavant, alors qu'il avait dû ralentir ses activités pour des raisons de santé, il avait développé des idées fort originales et inhabituelles sur l'éducation. Dorénavant, l'essentiel pour lui c'était de faire confiance aux jeunes.

Avec l'accord du curé Painchaud, le curé de la paroisse et fondateur du collège, on avait instauré un régime particulier : le messe ne serait plus obligatoire, aucun uniforme n'était imposé, les étudiants élaboreraient les règlements de la maison et verraient eux-mêmes à leur application et aux sanctions. L'expérience fut brève. Très vite le brave curé Painchaud s'inquiéta, puis prit panique. On en revint aux habitudes et règlements traditionnels.

De plus en plus malheureux au collège de Sainte-Anne, l'abbé Chartier s'interroge sur son avenir. Et il n'est prêtre que depuis moins d'un an. Cherchant un ami ou un conseiller à qui se confier, il écrit à l'abbé Ferland qui en plus d'être un confrère de séminaire est aussi vicaire à Québec et vit dans l'entourage des hautes autorités ecclésiastiques. Il est donc bien placé pour entendre ce qui se dit et voir ce qui se passe. Cette lettre avait été rédigée alors qu'il était question de son exil en Acadie. Mais cela ne se fera jamais. On peut prendre connaissance de cette lettre à la salle Gagnon de la Bibliothèque de Montréal :

> J'ajoute encore un mot pour vous donner moyen de répondre à une question que vous fera probablement la cure. Il m'est impossible de me mettre immédiatement en chemin pour Québec avec

mon bagage, dans l'état où je suis, et par conséquent Chéticamp ne me verra pas cet automne. Je suis retombé dans mes perplexités et je crois que, dans les cas extrêmes, on ne doit prendre conseil que de son propre cœur.

Ce sera un des grands principes qui guideront sa vie : agir en toute honnêteté avec lui-même et honneur envers les autres mais surtout en écoutant son cœur ! L'abbé Chartier demeura silencieux, la tempête se calma et il ne partit pas en exil. Mais, à 32 ans, c'est déjà un homme blessé et meurtri. M. Chartier, surtout après la tourmente du célèbre discours et les insinuations malveillantes de ses confrères, se mit en retrait et finit par demander lui-même l'autorisation de se retirer.

Nous sommes loin de ce jour où le curé Painchaud se réjouissait de l'arrivée de M. Chartier dans son collège. Il en était heureux au point d'écrire à Mgr Panet : « la Providence semble m'avoir envoyé cet homme, M. Chartier ».

Après quelques mois d'une solitude dont on ne sait si elle fut volontaire ou imposée, l'abbé Chartier fit ses bagages et prit la route pour Sainte-Martine où l'évêque de Québec le nomma curé en mars 1831.

II

LE DÉBUT D'UNE LONGUE ERRANCE

De paroisse en paroisse...

Son séjour à Sainte-Martine sera de courte durée, en raison d'une mésentente avec les marguilliers au sujet de l'utilisation des fonds de la fabrique. Pour éviter une confrontation avec les notables de la paroisse, Mgr Lartigue veut lui assigner une autre cure mais le jeune curé refuse et demande à repasser dans le diocèse de Québec, auprès de Mgr Signay. Lartigue se fâche et un fossé - qui ne cessera de s'élargir sans jamais se combler - commence à se creuser entre les deux hommes, entre les deux «prêtres».

Une solution de compromis est trouvée et les deux évêques, de concert, expédient - le mot est juste - l'abbé Chartier à Saint-Pierre-les-Becquets, paroisse réputée hostile et difficile à vivre pour ses curés. On s'y chamaille, comme dans une foule de paroisses du Bas-Canada, à propos du site d'une église qu'il faut construire. Après un court moment d'hésitation et de neutralité, le curé, fidèle à ses principes, prend position pour le parti de toute évidence des plus faibles : il appuie le choix des gens de la campagne contre celui des notables du village. Arrivé en 1833 à Saint-Pierre-les-Becquets, il en part l'année suivante pour devenir curé dans une paroisse de misère, Saint-Patrice-de-la-Rivière-du-Loup.

Avant son départ, le clan des paroissiens dont il avait épousé la cause lui manifeste son affection et lui présente une adresse dont la teneur résume avec modération et justesse la situation. Le texte en a été publié dans la *Minerve* du 9 octobre 1834, suivi de la réponse du curé Chartier.

Ces deux textes nous éclairent sur le climat dans lequel évoluait le curé, et retracent encore une fois les grandes lignes de sa pensée. Mais avant tout ces textes font état des espoirs que la venue du curé Chartier avait fait naître dans les cœurs de plusieurs paroissiens, espoirs déçus à la suite d'une décision de l'évêque qui n'a pas voulu entendre la requête de ces paroissiens qui voulaient conserver leur curé. Les paroissiens parlent même de «persécution». Le saint évêque a plutôt rendu service aux notables de la paroisse en les débarrassant d'un curé encombrant.

Le 21 du courant (septembre), vers une heure de l'après-midi, la grande majorité des francs-tenanciers de la paroisse St-Pierre-les-Becquets s'étant rendue à la résidence du révérend Messire Étienne Chartier, curé de la paroisse, le major J.R. Baby, l'un des seigneurs de la paroisse ayant été prié de porter la parole au dit Messire Chartier, il lui lut et présenta l'adresse suivante :

Révérend Monsieur... Le sentiment d'un devoir bien pénible nous force aujourd'hui à nous réunir pour vous dire un adieu d'autant plus cruel qu'il était moins attendu. Nous aimions à croire, à nous persuader même qu'une demande expresse de la part des neuf dixièmes d'une paroisse aurait quelque poids auprès des autorités ecclésiastiques ; mais il paraît que nous sommes dans un temps malheureux où les autorités semblent prendre plaisir à devenir sourdes à cet adage si juste et si expressif : *Vox populi, vox Dei.*

Nous avions cru que la voix de toute une paroisse proclamant vos vertus, votre vie angélique, tout le bien que vous avez fait à la cause de la religion et des bonnes mœurs, et puis, tout l'amour et le respect dont votre nom est environné auraient un poids suffisant pour contrebalancer les noires machinations de certains individus qui prétendent pouvoir se jouer impunément des vœux, des droits et du bien-être d'une majorité qui devrait pourtant leur paraître écrasante : nous avions cru tout cela, mais nous avons été cruellement trompés.

tout cela, mais nous avons été cruellement trompés.

Nous ne sommes pas venus ici dans l'intention de dérouler à nos propres yeux le tableau si riche et si plein de vos propres vertus. Non, votre humilité en souffrirait trop, et d'ailleurs nous savons que la calomnie la plus impudente aurait rougi de vous attaquer de ce côté-là; mais nous croirions manquer à notre devoir si nous laissions passer cette occasion solennelle sans vous dire que nous connaissons bien l'espèce de **persécution** qui vous arrache à nos vœux et à notre amour.

Vous êtes le curé d'une paroisse dont les huit neuvièmes demandent une église dans une place et dont l'autre neuvième la demande dans une autre place; vous avez embrassé le parti de la justice en passant du côté de la majorité; et puis encore vous êtes un de ceux des membres du clergé qui se font un devoir de faire cause commune avec l'immense majorité de leurs compatriotes.

Dans le premier cas, nous avons raison de soupçonner que votre opinion s'est trouvée différente de celle de Sa Grandeur Monseigneur l'évêque de Québec, et dans la seconde nous sommes certains que vos opinions politiques ont froissé les vues rétrécies d'absolutisme d'une certaine petite notabilité ecclésiastique du district des Trois-Rivières et de quelques-uns de vos confrères d'alentour et voilà, du moins nous le pensons, les raisons et l'intrigue qui vont vous séparer de nous; et nous ne serions pas surpris d'apprendre que bientôt on aura relégué vos vertus, vos lumières et votre patriotisme dans quelqu'obscur recoin du Canada.

Vous, ministre de l'Évangile et soumis à vos supérieurs ecclésiastiques, vous vous contenterez peut-être de gémir en silence et de revoir dans votre cœur la place que le grand livre assigne à l'homme qui *souffre persécution pour la Justice*.

Mais nous qui ne pouvons pas cesser d'être hommes, nous ne pouvons pas non plus laisser passer cette occasion d'un adieu aussi déchirant pour nos cœurs, sans réclamer hautement contre l'abus d'un pouvoir quel qu'il soit, qui nous semble commettre une injustice évidente.

Notre intention n'est pas de nous prononcer directement contre l'autorité ecclésiastique qui semble s'appesantir sur nous; non, nous aimons encore à respecter un pouvoir qui fut si longtemps respectable, mais nous nous déclarons fortement contre la calomnie et l'intrigue qui peuvent ainsi réussir à faire un fardeau insupportable d'un joug qui devrait être doux et léger comme celui de l'Évangile.

Pardonnez à cette expression franche de nos sentiments, elle est dictée par tant d'amour, par tant de regrets, et par tant d'espoir trompé, que nous n'avons pu retenir que ce qu'elle a peut-être de trop rude. Nous vous supplions de vous ressouvenir de nous devant celui qui peut lire la justice et l'injustice dans les replis les plus secrets du cœur humain.

* * * *

Messire Chartier ne perdit pas une si belle occasion de faire connaître son point de vue et il insista pour qu'on ne confonde point l'autorité avec l'individu qui en est revêtu... fût-il un évêque. En outre il insista également pour qu'on lui permette d'avoir - impunément - ses propres opinions politiques dans la mesure où lui-même « n'a point le désir de froisser les opinions de qui que ce soit ».

Oui, mes chers paroissiens, si tant d'espoir trompé tant chez vous que chez moi ne plaidait pas si fortement en votre faveur pour faire excuser tout ce que l'expression franche de vos sentiments a de trop rude contre les autorités ecclésiastiques, vous me mettriez dans la plus dure alternative, ou de manquer à mes supérieurs ecclésiastiques en acceptant sans cette restriction l'expression si flatteuse de vos sentiments pour moi, ou de manquer à ce que la reconnaissance vous donne droit d'attendre de moi, dans la crainte de compromettre dans cette occasion solennelle une autorité dont il ne me serait permis tout au plus de blâmer les erreurs qu'en secret.

Il ne faut pas confondre l'autorité avec l'individu qui en est revêtu; celle-là doit toujours vous être respectable en vue de la source divine d'où elle dérive; et les erreurs, même les abus et les excès des individus qui l'exercent, en supposant même qu'ils l'appesantiraient trop fortement sur vous, ne doivent point ébranler dans des cœurs catholiques le respect pour l'autorité épiscopale qui émane de l'auteur même du christianisme, pour les choses spirituelles: je connais assez votre foi pour être persuadé que ce n'est point non plus sous ce rapport que vous avez intention de vous plaindre.

Si dans les attributions que l'évêque actuel de ce diocèse tient de la loi, l'intrigue ou de fausses représentations ont pu faire qu'il vous ait donné quelque sujet de plaintes, je dois à l'expérience que j'aime à reconnaître avoir faite, en plus d'une occasion, de la bonté de son cœur, et vous devez vous-mêmes à sa piété de croire que mieux éclairé un jour sur la nature de vos difficultés, il vous rendra la justice que vous réclamez, lorsqu'il aura pu déchirer le voile dont on a cherché à la déguiser à ses yeux.

Quant à moi, quoique mon départ de votre paroisse me soit pénible, parce qu'il me sépare de paroissiens que l'intérêt que je prenais à leur triste situation m'avait déjà rendus chers dans le court espace d'une année, et parce qu'il pourrait paraître un sujet de triomphe pour vos adversaires et les miens, néanmoins je dois reconnaître qu'étant envoyé dans une place illustrée par le brillant mérite de Messire Maillou mon prédécesseur actuellement promu à la direction du collège de Ste-Anne, je suis loin de me croire relégué dans un obscur recoin du Canada. Si vous me portez un véritable intérêt, vous devez au moins savoir gré à Monseigneur de m'avoir choisi un lieu d'un aussi agréable repos que la paroisse St-Patrice-de-la-Rivière-du-Loup dans une des plus belles parties du Canada où je pourrai me délasser et me consoler des tribulations et des fatigues de tout genre que j'ai endurées pour avoir épousé votre cause, la cause de l'immense majorité de la paroisse chez qui j'ai aperçu la justice.

Si ma manière d'envisager vos difficultés n'a pas rencontré jusqu'à présent les vues, trop peu définies d'abord, de mes supérieurs ou celles de quelques-uns de mes confrères, l'approbation de tant d'autres me fait espérer que le jour si désiré n'est pas éloigné où l'autorité ecclésiastique appuiera vos justes réclamations; toujours j'ai suivi ce que m'a dicté ma conscience et ce témoignage seul peut suffire.

Je regrette que l'unanimité soit si loin de régner entre les différents corps de la société à l'égard des difficultés politiques; mais je le regretterais encore davantage, par l'intérêt que je vous porte, si les différences d'opinions politiques avaient pu influer sur vos difficultés paroissiales et m'empêcher de vous être plus utile pour cette considération. Cependant dans ce cas comme dans le précédent, j'ai cru mieux servir les intérêts de la religion et du clergé parce que, quoique dans le premier cas, il pourrait paraître que l'évêque affaiblirait son autorité en cédant à l'exigence incontestable et reconnue des circonstances particulières et uniques de votre paroisse, je crois que se guidant, dans ce cas épineux, sur cette maxime que *le parti le plus vertueux et le plus juste est toujours le plus sûr*, l'autorité épiscopale n'en serait que mieux affermie par la confiance et l'amour des peuples ; et dans le second cas, parce que je considère que le clergé, n'ayant pas un intérêt distinct de la masse du peuple canadien, une division d'avec lui sous le rapport politique ne peut manquer d'être très funeste à l'un et à l'autre sous plus d'un rapport, et de finir, sinon par la ruine, au moins par l'affaiblissement notable de l'influence du clergé qui est pourtant un si puissant appui pour la religion et les mœurs lorsqu'elle est judicieusement employée.

Je n'ai point le désir de froisser les opinions politiques de qui que ce soit ; je demande simplement qu'il me soit permis d'avoir impunément la mienne. Si mon ministère a pu servir à la cause de la religion et des bonnes mœurs parmi vous, je serais un usurpateur si je m'en attribuais le mérite ; la gloire en appartient à celui seul qui a l'empire des cœurs et dont je ne suis que le faible instrument. Je vous remercie néanmoins du témoignage que vous rendez à mes efforts pour votre bien, mais un autre, je l'espère, pourra avec l'aide du même maître en opérer davantage. Voila qui me console de ce que l'évêque a jugé plus à propos de ne pas se conformer à la requête que vous m'avez fait l'honneur de lui présenter à mon occasion. Pourvu que votre bien spirituel s'avance, que ce soit par moi ou par un autre, je serai content, et j'en rendrai également grâce à Dieu. Et mon attachement pour vous doit vous garantir que je ne vous oublierai pas surtout auprès de celui qui est l'auteur de tous dons parfaits.

D'un tempérament vif et énergique, le curé Chartier savait faire preuve de respect à l'égard des décisions de ses supérieurs tout en leur faisant nettement sentir parfois que s'il se soumettait à leurs volontés, c'était avant tout en vertu du devoir d'obéissance que lui imposait sa soutane. Mais s'il acceptait de se plier aux décisions des évêques, il se permettait aussi de bien insister sur ses droits comme celui de dire ce qu'il pensait. Tout en signalant par ailleurs que son évêque avait souvent fait preuve de bonté à son égard, il lui reproche, ainsi qu'à toute l'Église du pays de ne pas se donner aussi comme mission la défense des justes intérêts du peuple canadien.

Le curé Chartier, homme habile et intelligent, maniait aussi la dérision avec grande facilité. Son allusion aux beaux jours qu'il allait connaître et au repos qu'il allait pouvoir enfin prendre, dans sa nouvelle paroisse vaut d'être soulignée. Grâce à ses supérieurs, il allait se délasser et se reposer des fatigues qu'il avait endurées en défendant la cause de la majorité des habitants de sa paroisse.

Pour jeter plus de lumière sur l'épisode de Saint-Pierre-les-Becquets, d'où le curé Chartier sera chassé en septembre 1834, il est bon de savoir que le 4 février de la même année, Mgr Signay lui adressait quelques recommandations bien fermes quant à la conduite qu'il devait suivre au milieu de l'excitation générale dans laquelle se trouvait sa paroisse. La querelle au sujet du site de l'église faisait alors rage et Mgr Signay invitait le curé à demeurer neutre, donc à ne pas faire valoir ses idées et surtout à laisser la puissante minorité des gens honorables imposer son choix à la majorité des habitants plus démunis. Chartier se voyait intimer l'ordre d'observer et de ne rien dire. Respecter une telle consigne pour un curé consciencieux, c'était abdiquer ses responsabilités. Dans le cas du curé Chartier, c'était lui demander de renier ses principes.

Bien entendu, les directives de l'évêque étaient accompagnées des compliments d'usage à l'endroit du pasteur. Dans un recueil de documents historiques colligés à l'occasion des 200 ans de fondation de la paroisse de Saint-Benoît (Mirabel), M. Gaston Saint-Jacques cite Pierre-Georges Roy qui résume le contenu de cette lettre :

Mgr Joseph Signay à M. Chartier curé de St-Pierre-les-Becquets - Il reconnaît avec plaisir que depuis son installation comme curé de cette paroisse, M. Chartier a travaillé avec zèle pour y rétablir la paix. Si les résultats n'ont pas été satisfaisants, M. Chartier ne doit pas s'en chagriner ; qu'il continue à suivre les avis de son évêque et qu'il agisse de manière à ne point paraître plus en faveur d'un parti que de l'autre.

Il semble bien que les paroissiens de Saint-Pierre n'aient pas pu ériger leur église sur l'emplacement de leur choix. En effet, déjà dans une lettre du 25 novembre 1833, Mgr Signay prévenait le curé Chartier qu'il ferait bien de faire remarquer à ses paroissiens qu'il les recevrait s'ils venaient à Québec mais qu'ils devraient comprendre que cette visite ne changerait en rien la décision prise. Et l'évêque, rapporte Pierre-Georges Roy, n'entendait pas fléchir :

> Il faut qu'ils comprennent d'avance que l'opération de l'évêque est dûment et définitivement faite aux termes de la loi dont il a pleinement rempli le but, en fixant comme il l'a fait une place d'église dans la paroisse de St-Pierre.

Pour porter des jugements sur la conduite et les actions du curé Chartier, il ne faut jamais perdre de vue que ses supérieurs - par hasard ou consciemment - l'ont toujours placé dans des situations délicates, c'est-à-dire, qu'ils l'ont souvent nommé curé dans des paroisses où les autres prêtres ne voulaient pas aller.

Quand Mgr Signay lui confie, en septembre 1833, la double responsabilité des paroisses voisines de Saint-Pierre-les-Becquets et de Saint-Jean-Deschaillons, l'évêque sait très bien que le curé Chartier, dès la prise de possession de sa nouvelle cure, se trouverait plongé au cœur de vives querelles entre deux clans adverses. On le retirait de Sainte-Martine en raison de querelles entre paroissiens auxquelles on ne voulait pas qu'il se mêle pour le nommer à Saint-Pierre où les antipathies entre paroissiens étaient connues de tous.

Par surcroît, dans la lettre de nomination qu'il adresse au curé Chartier, Mgr Signay écrit bien candidement:

> C'est avec plaisir que je vous exprime combien je suis flatté que vous ayez accepté ma proposition. Je compte beaucoup sur votre esprit de concilia-tion pour ramener les habitants de St-Pierre à cette harmonie sans laquelle ils ne parviendront pas à bâtir leur église, malgré le besoin qu'ils en ressentent tous les jours de plus en plus».

Évoquer «l'esprit de conciliation» du curé Chartier, c'était ou mal connaître le personnage, ou vouloir volontairement lui tendre un piège. Face à tout ce que le brave curé avait dû souffrir d'humiliations et d'injustices depuis 1828, comment l'évêque de Québec pouvait-il lui confier cette nouvelle obédience «avec plaisir?»

Nos Seigneurs Plessis et Panet d'abord, puis Lartigue, Signay et Bourget par la suite, ont dû passer bien des nuits blanches à cause d'Étienne Chartier.

Parmi toutes les zones grises autour de la vie du curé Chartier, il y a, entre autres, deux docu-ments particuliers. D'abord une lettre, du 13 février 1833, de Mgr Signay à l'abbé Chartier, alors curé à Sainte-Martine, dans laquelle il le nomme - déjà - curé de Saint-Benoît. Mais cette lettre conservée aux Archives du Québec, répertoriée elle aussi par Pierre-Georges Roy et citée par Gaston Saint-Jacques, n'a jamais été envoyée.

Le deuxième document - une lettre du 28 avril 1833 de Mgr Lartigue (Montréal) à Mgr Signay (Québec) fait état de la mésentente entre l'évêque de Montréal et le curé de Sainte-Martine qui refuse de quitter Sainte-Martine pour aller succéder au curé Giroux, de Saint-Benoît, «qui s'est chargé au prix de sa santé de la grosse paroisse de Saint-Benoît».

Mgr Lartigue est aux bords de la crise de nerfs. Il avoue à Sa Grandeur de Québec que dorénavant il ne veut plus s'occuper des affaires du curé Chartier et que ce dernier devrait songer à retourner dans le diocèse de Québec.

Mais pourquoi donc le curé Chartier aurait-il refusé d'aller à Saint-Benoît? Sans doute n'avait-il pas le goût, ne s'en sentant pas les forces suffisantes, de se retrouver à la tête d'une grosse paroisse qui, à cause des problèmes administratifs accumulés par la fabrique, avait contribué à ruiner la santé de son dernier curé. La seconde raison devait être encore plus sérieuse. Elle tenait à des motifs politiques. Durant son séjour à

Sainte-Martine, M. Chartier avait entretenu des relations étroites avec les milieux patriotes de la région de Montréal, notamment avec Ludger Duvernay, rédacteur de la *Minerve*. Sans doute avait-il eu également l'occasion de rencontrer quelques-uns des habitants bien en vue des paroisses du nord de Montréal, soit de Saint-Eustache ou de Saint-Benoît, au milieu desquels s'agitaient plusieurs chefs, dont le notaire Girouard qu'il connaissait depuis longtemps. Après les événements de Sainte-Anne qui l'avaient si profondément marqué, en 1829, peut-être désirait-il se tenir loin, du moins pour un certain temps encore, des ces foyers de plus en plus agités.

Pourquoi alors refuser le poste en 1833 et l'accepter en 1835 ? Pour deux raisons au moins: d'abord pour quitter la misérable paroisse de Saint-Patrice-de-la-Rivière-du-Loup où les dîmes ne faisaient pas vivre un curé, et peut-être aussi parce qu'il avait jugé que maintenant le temps était venu pour lui de s'impliquer dans la « cause nationale ».

L'arrivée en 1835 de l'abbé Chartier à Saint-Benoît s'inscrivait aussi au cœur du contentieux ou plutôt de la longue querelle qui s'était développée au cours des années entre lui et Mgr Lartigue. Si l'évêque voulait tendre un piège au fringant curé, ce fut réussi. Naïf et orgueilleux,

Étienne Chartier a été trompé par l'évêque de Montréal et par ses propres forces.

Il faut remonter aussi loin qu'en 1832, le 18 juillet, pour trouver sous la plume de Mgr Lartigue quelques traces - oh combien discrètes - de compassion ou de délicatesse à l'endroit du curé Chartier alors qu'il reconnaît ses efforts et son dévouement lors de l'épidémie de choléra. Mgr Lartigue écrivant à Mgr Panet, évêque de Québec, après une tournée des paroisses du Lac des Deux-Montagnes, de Vaudreuil et de Rigaud, reconnaissait que les ravages de ce fléau étaient terribles et que les immigrants irlandais étaient particulièrement frappés. Il avouait par ailleurs que

> M. Chartier avait besoin d'un prêtre irlandais qui le soulage dans l'étendue des townships qui entourent sa paroisse, et où l'on meurt dru comme mouches, comme vous pouvez le voir par ce que les gazettes disent de *Norton Creek* qui est desserte. Ce que M. Chartier a fait pour M. Grady lui a bien mérité de l'avoir comme aide.

Accusé de tous les maux et calomnié à Sainte-Anne, retiré de Sainte-Martine pour l'empêcher d'appliquer ses principes de justice et pour éviter qu'il se prononce sur la gestion de la paroisse, expulsé de Saint-Pierre-les-Becquets parce qu'il avait courageusement opté pour le parti des faibles, cantonné dans la misérable paroisse de Saint-Patrice, c'est en le nommant curé de Saint-

Benoît, une paroisse en pleine effervescence patriotique, que les évêques lui imposeront une autre épreuve - ce ne sera pas la dernière - véritablement au-dessus de ses forces.

III

CURÉ DE SAINT-BENOIT
au cœur de l'action

Étienne Chartier prit possession de la cure de Saint-Benoît en septembre 1835, venant de Rivière-du-Loup. La paroisse était jeune n'ayant été érigée canoniquement que l'année précédente, le 9 mai 1834, en vertu d'un décret de Mgr Joseph Signay, évêque de Québec. En vérité on peut faire remonter la véritable fondation de Saint-Benoît à 1799, année d'ouverture des registres.

À l'arrivée du curé Chartier, la paroisse, aussi connue à l'époque comme le Grand-Brûlé, était un lieu fort actif dont le personnage principal était le notaire et député Jean-Joseph Girouard, militant au sein du parti de Louis-Joseph Papineau. À son arrivée dans le modeste presbytère de sa nouvelle paroisse, dont il devait assurément connaître les sentiments et activités patriotiques, on devait encore parler de la mémorable élection du 4 novembre 1834 alors que les candidats du parti canadien - Girouard et le commerçant Wlliam-Henry Scott, de Saint-Eustache - l'avaient emporté sur les candidats Brown, un industriel de Saint-André, et le notaire Frédéric-Eugène Globensky, de Saint-Eustache.

L'élection fut fort mouvementée et de nombreux actes de violence furent commis. Difficile de départager les torts. Il n'y a qu'à lire les versions extraordinairement contradictoires de la *Minerve* et de l'*Ami du Peuple* pour s'en convaincre. Quoi qu'il en soit, cette élection ne se rendit pas à son terme, les candidats tories, dans une décision difficile à interpréter, concédant la victoire à leurs adversaires en dépit de la confortable avance qu'ils détenaient.

Cette élection aura des répercussions à long terme. Les orangistes du haut du comté (Saint-André, Carillon, Grenville, Gore) n'ayant jamais accepté cette défaite, ce sont eux qui, en 1837, devenus des « volontaires » aux côtés des troupes de Colborne, mettront à sac le village du Grand-Brûlé. De nombreux témoignages l'attestent. Mais le curé Chartier, venant tout juste de quitter les lieux, n'aura pas vu l'église et les maisons brûler.

Une lourde tâche attend M. Chartier dans sa nouvelle paroisse, Mgr l'évêque de Montréal lui ayant aussi confié la responsabilité de desservir la toute nouvelle paroisse de Saint-Hermas et d'y entreprendre la construction d'une église. Ce surcroît de travail sera pour lui une source d'ennuis et de grave fatigue ; il s'en expliquera en long et en large dans ses lettres à Mgr Bourget.

On discuta longtemps : où construirait-on la nouvelle église de Saint-Hermas ? serait-elle en bois ou en pierre ? comment allait se faire la répartition entre les francs-tenanciers ? Mais tous ces soucis ne distrayaient pas l'abbé Chartier de ses préoccupations politiques. En même temps qu'il voyait à la construction de l'église de Saint-Hermas et à la bonne marche de sa paroisse, il trouvait le temps de collaborer au *Canadien* et de participer à des réunions du clergé à Sainte-Geneviève, Saint-Eustache et Varennes. L'évêque de Montréal craignait que le curé Chartier n'amène dans les discussions le projet d'un nouveau bill des fabriques dont il ne voulait pas.

Par contre c'était l'époque où il était question à la Chambre d'Assemblée d'un bill sur les écoles normales dont Mgr Lartigue avait dit, en février 1836, que ce projet péchait « sous le rapport religieux » et que son exécution « serait un mal ». Or Girouard, l'un des plus ardents défenseurs de ce projet, et Chartier étaient tous deux voisins dans le petit village du Grand-Brûlé. Sur ce projet des écoles normales, ils étaient du même avis. Il n'en fallait pas plus pour que Mgr Lartigue fustige les deux hommes à la fois en prétendant même que Chartier s'amusait à «affliger l'Église».

M. Chartier avait en la personne du curé Paquin, de Saint-Eustache, un confrère et un voisin puissant et omniprésent dans la région et dans les hautes sphères du clergé diocésain. En tant qu'archi-prêtre, c'est à lui que l'évêque de Montréal demanda de se rendre à Saint-Hermas - une quatrième fois - afin de sonder les paroissiens au sujet de leur future église: serait-elle de pierre ou de bois comme le suggérait le curé Chartier? En accord avec M. Chartier et les paroissiens, elle serait en bois.

Les deux prêtres, il faut le dire, ne s'entendaient pas très bien. Connaissant les opinions bien arrêtées des deux hommes, cela n'a rien d'étonnant. Le constitutionnel et très loyal Paquin - qui signait parfois *James* Paquin au lieu de Jacques - n'avait que bien peu d'estime pour le réformiste Chartier. On verra, en 1837, en quels termes peu aimables le curé Paquin parlera de son «indigne» confrère. Or les quatre visites du curé de Saint-Eustache au curé de Saint-Benoît ont dû contribuer à exacerber les sentiments que les deux hommes avaient l'un pour l'autre. C'est ce même curé Paquin qui assistera Mgr Bourget quand viendra le temps, en janvier 1838, d'enquêter sur la conduite de M. Chartier.

On a trop tendance à oublier que la tâche confiée au curé Chartier était très lourde, en raison de l'étendue du territoire, du nombre de paroissiens et de la construction de l'église de Saint-Hermas. C'était beaucoup demander à un seul homme. Compte tenu du caractère des relations qu'entretenaient depuis de nombreuses années le curé et son évêque, on devine que ce dernier devait avoir tendance - sinon le goût - d'en demander beaucoup à M. Chartier. De nombreuses lettres portent en filigrane cette hostilité de Mgr Lartigue à l'endroit de son subalterne.

Moins d'un an après son arrivée au Grand-Brûlé, le curé Chartier n'arrive que très difficilement à suffire à la tâche et il supplie son évêque de lui donner un vicaire. Le 12 juillet 1836 il lui écrit :

Monseigneur... J'arrive de St-Hermas où les choses vont bien ; l'Église avance à grand train et sera prête à lever la semaine prochaine. Malheureusement je ne puis pas y aller aussi souvent qu'il serait nécessaire pour veiller les travaux, où il s'est déjà fait quelques manques assez considérables, à présent que je suis seul.

J'expose de plus à votre Grandeur que je me trouve surchargé d'ouvrage depuis le départ de M. Ménard et certainement je ne me serais mis à la tête des travaux de St-Hermas l'hiver dernier si j'avais pu prévoir que je resterais seul au printemps, ayant outre le ministère très dur de St-

Benoît, à m'occuper des comptes très arriérés et très en désordre de la Fabrique et à répondre aux ouvriers qui travaillent actuellement à l'église, qui exige d'ailleurs des réparations considérables et urgentes. À tout cela ajoutés des baptêmes et des malades presque quotidiens. En vérité, je ne sais parfois où donner de la tête, et plus d'une fois par semaine, minuit me surprend avant que les travaux de ma journée soient finis. À présent que la visite est finie, il me semble, Monseigneur, que ce ne serait que me rendre justice de me renvoyer M. Ménard, s'il était possible...

Monseigneur, il pourrait se faire que Votre Grandeur aurait quelque objection particulière à me confier un vicaire. Je n'ignore pas que je ne suis pas en bonne odeur dans tous les quartiers, quoique la malveillance n'ait pu jusqu'à présent trouver à appuyer le moindre reproche contre moi, soit comme prêtre, soit comme curé... Cependant on a pu faire la remarque qu'il n'était pas prudent de me confier un vicaire dans la crainte que je ne vinsse à le mal endoctriner... Comme il me sera impossible d'aller de sitôt à Montréal, je prie donc Votre Grandeur de vouloir bien me dire si et quand elle pourra me donner un vicaire.

La situation est claire et le tableau impressionnant. Débordé de travail, minuit arrive souvent sans qu'il ait pu passer à travers tous ses devoirs. De toute évidence, le curé méritait qu'on redonne un vicaire à la paroisse. Toutefois, en homme lucide et conscient de la réputation que plusieurs de ses confrères lui ont faite, il évoque la possibilité qu'on lui refuse ce vicaire pour le tenir isolé et l'empêcher d'endoctriner un autre prêtre. Il souhaiterait que l'évêque considère avant tout la juste requête d'un curé débordé de travail plutôt que la demande d'un agitateur public qui se trouve presque par accident curé de campagne.

Avant de porter le moindre jugement sur le curé Chartier, il ne faut jamais oublier que ceux qui l'ont nommé curé au Grand-Brûlé l'ont fait sciemment et librement. Peut-être même malicieusement. Compte tenu du contexte politique de l'époque et des antécédents de M. Chartier que les évêques étaient les premiers à reconnaître et à lui reprocher, comment alors ne pas penser que de l'envoyer dans cet intense foyer de patriotes, c'était lui tendre un piège. Qui est le plus coupable ? La victime ou le provocateur ? Quel jugement ne pourrions-nous pas porter sur ceux qui ont ainsi pris cette décision ?

Quoi qu'il en soit, le curé Chartier n'aura pas de vicaire et il continuera de se dévouer sans compter pour le bien des âmes qu'on lui a confiées. Mais ce prêtre n'était pas qu'un pasteur et un bâtisseur. C'était aussi un éducateur et un « penseur » qui suivait l'évolution de son pays avec le plus grand intérêt et une passion sans cesse ravivée.

Cinq mois après la requête que lui avait adressée M.Chartier, l'évêque de Montréal, plutôt que de lui donner le vicaire tant souhaité, en demande encore davantage à son curé. Il pousse en effet la « générosité » jusqu'à lui donner la permission de *biner* (célébrer deux messes : l'une à Saint-Benoît et l'autre à Saint-Hermas) ainsi que d'y baptiser et confesser. Rien de moins. Voila en réalité M. Chartier, seul, curé de deux paroisses. Il doit aller constamment de l'une à l'autre, en toutes saisons, sous la pluie, le vent et la neige, par des chemins souvent en très mauvais état et dans des voitures bien peu confortables.

Arrive 1837. Ce sera une année de grandes décisions pour Étienne Chartier. Tout va basculer dans sa vie. Nous connaissons les gestes qu'il posera. L'examen de sa correspondance - avec son évêque toujours - nous permet de découvrir un homme sensible et dévoué, fidèle et loyal, qui n'a qu'un but: le mieux-être de ses concitoyens dans la justice.

M. Chartier, tout en donnant à ses préoccupations une dimension bas-canadienne qu'il ne perd jamais de vue, travaillait quotidiennement dans son milieu au bien-être de ses paroissiens dont il était le conseiller et l'ami. Il était bâtisseur, comme tous les curés de ces années-là, mais il demeurait avant tout un pasteur dévoué, quoi qu'on en dise. Il adresse le 12 mars 1837 une nouvelle lettre à Mgr l'évêque de Montréal où il dresse en quelque sorte l'inventaire des problèmes auxquels il doit faire face quotidiennement, y compris les mesquineries de quelques-uns de ses paroissiens les plus respectables.

Il ne doit rien négliger et s'occuper de tout, tout voir, tout entendre et tout faire. Il ne peut laisser œuvrer à leur aise ni les guérisseurs de maux de dents ni les tireuses de cartes sous peine de perdre une partie de son autorité et de son pouvoir. Ces problèmes ne sont parfois que de simples tracasseries dues souvent à la négligence ou à la mesquinerie de certains paroissiens, comme le refus de fournir la pain bénit du dimanche. Mais si secondaires soient-ils, ces problèmes il faut les régler sans blesser personne et souvent rien n'est prévu dans le coutumier paroissial. De simple tracasserie, ce petit rien se mute en problème de dimension paroissiale, et vient ajouter au fardeau quotidien du pauvre curé, toujours seul.

Mais il y a plus grave comme il l'écrit dans sa lettre du 12 mars 1837. La situation se complique du fait que surviennent des conflits ou des incompréhensions impliquant les gens les plus honorables et les plus influents du village comme ce fut le cas au Grand-Brûlé. Que faire, en effet, quand le grand argentier de la place, notaire et député - c'était même un chef patriote (Jean-Joseph Girouard) - refuse d'accomplir son devoir pour protéger des amis ou des membres de la famille?

En arrivant à St-Benoît, Monseigneur, je trouvai parmi les ordonnances de Votre Grandeur en visite en 1832, celle de faire des réparations au presbytère, de faire rendre leurs comptes aux syndics de la bâtisse de l'église et rien de tout cela n'avait été fait jusqu'à l'automne de 1835... J'assemblai la paroisse et leur lus ces ordonnances. La paroisse répondit qu'elle était disposée à faire les réparations exigées qu'elle avouait être nécessaires; mais qu'elle était d'opinion que les comptes des syndics fussent rendus d'abord... Je trouvais cette réponse raisonnable...

Moi qui me sens naturellement porté à rendre service à mes paroissiens autant que je le puis, et qui d'ailleurs cherchais à capter leur bienveillance en arrivant, je promis de m'en occuper et même de faire les réparations les plus urgentes sur la promesse que me fit la paroisse de m'en tenir compte lorsque les affaires seraient réglées. Je me fiais pour cette reddition de comptes sur l'assistance de personnes instruites de la paroisse et notamment du notaire qui avait eu toutes ces affaires de la répartition entre les mains.

Je lui en parlai; mais à ma grande surprise il me détourna de «me casser la tête de ces comptes», me disant «que le jeu n'en valait pas la chandelle ». J'ai donc fait nommer par la paroisse trois individus chargés de sommer les syndics vivants et les représentants des défunts de rendre leurs comptes, ou de les poursuivre faute par eux de ce faire. À cette nouvelle, mon notaire et séquelle ont fait tout le bruit possible pour faire avorter ma mesure et détourner les syndics d'obtempérer à la sommation. Heureusement j'ai forcé mon notaire M.P.P. à convenir de la régularité de mes procédés, et les syndics mieux disposés que ma gentilhommerie de tout rendre à l'assemblée qui a été convoquée à St-Benoît pour l'audition de leurs comptes...

Les syndics ont déclaré qu'ils voulaient bien rendre leurs comptes s'ils trouvaient quelqu'un pour les leur dresser. Mon dit notaire était celui qui pouvait le mieux se charger de cette besogne, qu'il a eu la bonne politique d'accepter, quoique contre son gré, pour ne pas se mettre en gribouille avec les constituants... Cependant le dit notaire a toujours, depuis, différé de travailler à ces comptes, sur un prétexte ou sur l'autre. Plus d'un malin soupçonnent que ce pourrait être pour que certain beau-frère sien, grand propriétaire de terre à St-Benoît, se trouverait encore chargé pour « une assez forte balance » envers les syndics.

Cette mauvaise volonté manifestée par le très respectable notaire Girouard aura donc gêné l'action du curé pendant plusieurs mois. Le temps passé à régler ce problème, M. Chartier ne pouvait le consacrer à soulager les besoins spirituels de ses ouailles. Sans compter qu'il ajoutait à la fin de sa lettre : «Je crois que le presbytère, faute de couverture ne sera pas habitable cet été ni les bâtiments logeables pour les animaux du curé l'hiver prochain». Le curé Chartier décrivait ainsi son domaine :

> La couverture du presbytère compte 38 ans et fait eau de partout malgré trois enduits de chaux que j'y ai fait mettre ; l'écurie, de la même date, tombe en pourriture, et les pieux de l'enclos sont rongés de vétusté...

Qui sait si le vaillant curé, devant l'indifférence manifestée par son évêque face à ses conditions de vie et de travail, n'a pas fini par penser un jour qu'il serait plus utile ailleurs...

Pour une fois, Mgr Lartigue fait preuve de célérité. Quelques jours plus tard il impose au curé Chartier «la tâche de lui indiquer les moyens à prendre pour la réparation ou reconstruction du presbytère et de ses dépendances». Dans sa réponse adressée à Sa Grandeur le 20 mars, le curé croit «qu'il n'y aurait alors que les moyens de rigueur, les moyens judiciaires qui puissent réussir». Il ajoute cependant... «Tous les habitans honnêtes, aisés, influents de la paroisse, qui ont complété leurs payements de répartition, sont, comme de raison, ardents pour cette reddition de comptes, et très disposés à faire les réparations requises».

Le curé, dont on ne peut mettre en doute ni la bonne volonté ni le zèle, se heurte à un obstacle majeur: le notaire Girouard, sa famille et ses proches... mais Girouard, l'homme le plus influent et le plus riche de la paroisse, comprendra que pour sauvegarder ses intérêts, il doit collaborer, ce qu'il fera un peu malgré lui. Quoi qu'il en soit, le curé Chartier laisse aux paroissiens le soin d'insister auprès du notaire pour qu'enfin il se décide à faire ce qu'il aurait dû faire depuis longtemps:

Mais la famille à qui je faisais allusion dans ma dernière lettre, qui jusqu'à présent a tout mené dans la paroisse s'y oppose. Cependant cette famille a besoin de ménager la paroisse tant pour les intérêts commerciaux que pour les intérêts professionnels et honorifiques des deux membres principaux. C'est donc la paroisse seule qui peut pousser le notaire, suivant l'expression de Votre Grandeur. Mais qui donnera l'impulsion à la paroisse pour lui faire pousser le notaire? Il ne convient certainement pas que ce soit moi.

On sent un début de découragement chez le curé. Non seulement avoue-t-il ne plus être en très bons termes avec la famille du notaire, mais encore plus, il avoue avec un réalisme étonnant qu'il commence à être dégoûté de sa paroisse et qu'il s'y déplaît au plus haut point:

Monseigneur, je ne suis plus en faveur dans la famille et j'ai des ménagements à garder pour ne pas occasionner une rupture ouverte. Mais si une trentaine ou vingtaine des principaux habitants allaient trouver M. Girouard et lui demander, d'un air résolu, à préparer les comptes des Syndics, je n'ai pas le moindre doute qu'il ne se mette à l'instant à l'ouvrage dans la crainte d'indisposer la clientèle *and his constituency* contre lui.

C'est à vous, Monseigneur, à venir à mon aide pour me protéger, sans quoi je ne bougerai plus. J'ai déjà assez de dégoût à St-Benoit où je me déplais souverainement pour plus d'une raison, sans courir le risque d'entrer dans une lutte plus ouverte qui compromettrait mon repos comme par le passé.

Rédigée moins d'un an avant les événements de 1837 auxquels participeront - d'une manière différente - le notaire et le curé, cette lettre laisse perplexe quant à la communion de pensée et d'objectifs qui pouvait exister entre les deux chefs patriotes.

Il n'est pas inutile de rappeler que le notaire Girouard était d'une grande habileté. En arrivant à Saint-Benoît, il habita chez le marchand général avant d'épouser la sœur du curé Félix. C'était une façon à lui d'abord de bien se faire connaître auprès des habitants de la région qui fréquentaient le magasin et par son mariage, il ajoutait à sa crédibilité.

Profitant du grand rassemblement populaire tenu à Sainte-Scholastique le 1er juin en l'honneur de Papineau, les ennemis du curé Chartier tentèrent de lui imputer des déclarations compromettantes et une conduite répréhensible. À compter de ce moment, Étienne Chartier décida, avec raison, de se défendre et devint plus agressif. Il n'hésita pas à faire preuve d'un langage d'une grande fermeté à l'endroit de Mgr Bourget - pourtant son ancien confrère de séminaire - dont la hargne devenait de plus en plus évidente, et des Sulpiciens qui utilisaient hypocritement leur journal l'*Ami du Peuple* pour attaquer le curé et lui « faire mal ».

Déjà, dans une lettre du 18 avril 1837, le curé Chartier avait osé parlé de « l'esprit de domination des évêques diocésains du Bas-Canada ». Ce commentaire ne le servit pas puisque dans les jours qui suivirent on lui refusa encore un vicaire. Un autre drame faillit survenir quand, le 9 juillet, il demanda fort respectueusement l'autorisation de s'absenter quelques jours pour répondre à une invitation de ses parents :

> Mon père et ma mère qui arrivent à leur cinquantième anniversaire m'invitent à leur donner cette marque de piété filiale que d'aller célébrer avec eux ce cinquantième avec le reste de ma famille et de le célébrer religieusement, bien entendu. Si

Votre Grandeur me donnait cette permission, que je lui demande instamment, je partirais de Montréal le 25 [juillet] au soir, après la cérémonie du sacre de Mr le Coadjuteur. Comme je suppose que la cure de Ste-Scholastique sera pourvue à cette date d'un desservant, je pourrais ... facilement un de ces Messieurs du Lac pour faire mon office le dimanche suivant.

Étienne Chartier vénérait ses parents. Il faut rappeler qu'il devait en bonne part la force de ses convictions aux exemples de résistance et de combativité que lui donnèrent dans le passé son père et son grand-père. Les deux Jean-Baptiste Chartier n'aimaient pas les Anglais. On peut, sans trop de nuances, en dire autant du fils. C'est la grande et sincère affection qu'il vouait à ses vieux parents qui l'appelait dans son village auprès de sa famille.

Par ailleurs, l'allusion au sacre de Mgr Bourget prouve qu'il a assisté à l'événement et au banquet qui a suivi et qu'il a entendu l'allocution prononcée - si différemment rapportée et commentée par les personnes et les journaux de l'époque - par Mgr Lartigue. C'est là que l'évêque, dans un discours profane et au milieu de réjouissances où furent portés plusieurs *toasts*, aurait tracé la ligne de conduite à suivre par les curés en cas de rébellion. Certains chroniqueurs pensent que c'est le curé Paquin, ami de Mgr Lartigue, qui aurait plutôt mal rapporté les paroles de l'orateur aux divers « papiers-nouvelles ».

Par ailleurs, en dépit d'une phrase incomplète du document auquel nous faisons allusion, il semble que le curé Chartier ait évoqué la possibilité que des Messieurs (i.e. des Sulpiciens) de la Mission du lac des Deux-Montagnes auraient pu desservir sa paroisse en son absence. Quant on connaît les sentiments d'hostilité que nourrissaient les Messieurs à l'égard du bouillant curé, on ne peut qu'admirer l'habileté dont faisait preuve ce dernier en mettant ainsi à l'épreuve le bon vouloir des missionnaires d'Oka.

La réponse vint : l'évêque suggérait au curé de trouver lui-même son remplaçant. Une telle réponse contredisait absolument le raisonnement habituel de l'évêque qui par le passé avait toujours clamé que ce n'était pas au curé de choisir ses vicaires. Chartier comprit rapidement que c'était une façon de l'empêcher de se rendre auprès de ses parents. Il fut encore une fois amèrement déçu de la réponse de Sa Grandeur... « Si absolument Monseigneur ne peut pas disposer d'un prêtre pour une dizaine de jours pour garder ma paroisse, puisqu'il veut absolument qu'elle soit gardée, eh bien, je resterai ».

Il y avait pourtant plus de 150 prêtres au sacre de Mgr Bourget et au banquet. Sans compter les Messieurs de Saint-Sulpice, mais personne pour permettre au curé Chartier d'aller passer quelques jours avec ses parents... ni le vicaire du curé Paquin, de Saint-Eustache, ni un des nombreux missionnaires de la mission du Lac des Deux-Montagnes. C'est le calice qui se remplissait lentement. Encore quelques mois et il déborderait...

Pour comprendre l'animosité existant entre le curé et son évêque, il faut de toute nécessité prendre connaissance au complet d'une missive envoyée à Mgr Bourget, le coadjuteur de Mgr Lartigue, le 11 juillet 1837. Le curé Chartier a préféré adresser ce message franc et non équivoque à son ancien confrère et ami plutôt qu'à Sa Grandeur qui n'aurait peut-être pas apprécié un tel langage d'un simple petit curé de campagne:

À Monseigneur Bourget... Quant à la dernière partie de votre lettre, Monsieur, je vous remercie de l'amitié que vous voulez bien me témoigner, ou plutôt de la pitié que vous portez à ma pauvre «tête» que vous incriminez si souvent. Quant à moi, je vous dirai que je suis aussi content de ma tête que qui ce soit. Quant aux (...) auxquels vous faites allusion, qui ne sont alimentés et soutenus presque exclusivement que par le Séminaire de St-Sulpice et quelques prêtres qui donnent en cela une bien petite idée de leur discernement et de leur prudence, et par quelques constitutionnels ou girouettes canadiennes; je vous assure que je ne m'en inquiète fort peu; ils ne peuvent pas grand chose contre la régulation d'un honnête homme quelconque. Vous pensez que je serais « étonné d'apprendre ce que l'on m'impute et quels sont les propos que l'on me fait tenir ». Je vous assure que je serais et que je devrais être bien plus étonné si vous, Monsieur, et d'autres qui devez mieux me connaître et mieux connaître l'espèce de gens qui me les font tenir, y ajoutiez ou sembliez y ajouter quelque foi.

J'ai trente-neuf ans bientôt, je n'ai pas encore fait mes preuves, il faut que les préventions contre moi aient pris des racines bien profondes dans certain quartier. Je n'ai pas envie, Monsieur Bourget, de continuer la guerre avec la gazette du Séminaire ; j'ai écrit que je n'aurais jamais répondu, si l'on ne m'avait compromis envers M. St-Germain (*curé de Saint-Laurent*). Si tous les prêtres qui sont vilipendés, le sont aux « dépens de la religion », en ce cas là, je crois que bien d'autres lui font plus de tort que moi. Tel que vont les choses, vous ne serez pas longtemps sans être convaincu que bien d'autres seront « vilipendés » plus fortement que moi, et je crois à meilleur titre.

Mais de quoi s'agit-il ? Pourquoi cet acharnement des Sulpiciens et de leur gazette contre le curé d'une paroisse découpée et fondée à même leur seigneurie ? M. Quiblier, le supérieur du Séminaire, ne ratait jamais une occasion de prouver qu'il était un vassal obéissant et soumis au Gouverneur et à l'Exécutif. En s'acharnant sur l'abbé Chartier et les dirigeants du parti de

Papineau, il croyait fermement s'attirer un peu plus les bonnes grâces de Son Excellence. D'ailleurs Colborne ne dira-t-il pas un jour que le Séminaire de Saint-Sulpice était un peu le prolongement de son quartier général!

Dans son ouvrage consacré à *Jean-Jacques Lartigue, premier évêque de Montréal,* Gilles Chaussé (1980) nous rappelle que Quiblier avait déjà déclaré que les patriotes devaient être réduits à la raison. C'est ce même Quiblier, confirme Chaussé, qui par crainte d'»une visite patriotique» avait détruit un grand nombre de documents compromettant pour les Messieurs. Parmi les autres révélations que l'on doit à l'historien Chaussé et qui permettent de comprendre la haine de Quiblier pour les patriotes et le curé Chartier, il y a cette révélation de Colborne qui, en parlant du supérieur du Séminaire, disait que c'était le «sauveur du Canada»... qui avait «plus contribué à abattre la Rébellion que tous ses Régiments». Quiblier allait même jusqu'à mettre en doute la loyauté de Mgr Lartigue, tout Sulpicien qu'il fût. Rien d'étonnant que les Sulpiciens de la mission du Lac (Oka) n'aient jamais montré beaucoup d'empressement à rendre service au curé du Grand-Brûlé, pourtant leur voisin.

En vérité, l'*Ami du Peuple,* porte-parole officieux des Messieurs de Saint-Sulpice, avait attribué au curé Chartier un article où l'auteur prenait à partie le curé de Saint-Laurent, M. Saint-Germain qui aurait, semble-t-il, changé l'heure des messes pour empêcher les partisans de Papineau d'assister à l'important rassemblement du 15 mai.

Tout en se gardant bien d'être un grand ami du curé de Saint-Laurent, l'abbé Chartier proteste de ses bonnes relations avec Messire Saint-Germain comme il l'écrit dans la *Minerve* du 6 juillet:

> Sans avoir le droit de me dire dans l'intimité de M. le curé de St-Laurent, je puis dire néanmoins que je fréquente habituellement sa maison, loge chez lui dans l'occasion, et que, quoique d'une politique différente, paraît me recevoir avec le même plaisir que je le vois moi-même.

Dans cette longue lettre, M. Chartier dit de l'*Ami du Peuple* que ce journal est né pour le mensonge et que « son nom même est un insigne mensonge ». Il en profite aussi pour dénoncer « l'immoralité des éditeurs au masque religieux ».

La *Minerve* ajoute une note à la mise au point de l'abbé Chartier en s'excusant de ne pas avoir immédiatement relevé d'elle-même « l'assertion mensongère » et en disant « que ce n'est là pourtant qu'une fausseté entre mille » de ce papier dont « chacune de ses phrases respire la tartufferie et la bassesse ».

La *Minerve*, imprimée et publiée par Ludger Duvernay, porte un jugement très sévère sur la feuille concurrente non pas d'abord parce qu'il y a lieu de craindre la portée de ces mensonges, mais surtout parce que le journal en question jouissant de la réputation d'être l'organe semi-officiel du Séminaire de Montréal, l'assertion était peut-être de nature à compromettre, quelque part, un prêtre aussi respectable que respecté, et sur lequel on a pourtant la lâcheté de déverser l'outrage.

Il faut souligner que l'*Ami du Peuple* a vu le jour en juillet 1832, juste à temps pour prendre la défense de ceux qui avaient causé directement la mort de François Languedoc, Pierre Billet et Casimir Chauvin, lors de l'élection du Quartier Ouest de Montréal au mois de mai précédent. Ce sont le lieutenant colonel McIntosh et le capitaine Temple qui avaient dirigé un « feu roulant » sur les partisans du candidat de Papineau, le Dr Daniel Tracey. Et au sein du groupe de magistrats qui avaient donné l'ordre aux militaires de faire feu, on retrouvait des membres de la Chambre d'Assemblée et du Conseil législatif dont quelques-uns étaient fort connus pour leurs sentiments anti-canadiens comme les « 3M » : McGill, Moffat et Molson.

C'est par un jugement terrible et en faisant une allusion évidente à ce cruel souvenir que la

Minerve concluait sa note en parlant des Messieurs de l'*Ami du Peuple* :

> Après cela, s'ils étaient susceptibles d'un sentiment d'honneur, ces *bons amis* rougiraient de tout le sang innocent dont la naissance de leur journal fut marquée.

Le curé de Saint-Benoît faisait beaucoup parler en cet été de 1837. Dans une lettre au coadjuteur de l'évêque de Québec, Mgr Turgeon, l'évêque de Montréal passe plusieurs messages.

Il avoue qu'il a demandé à Mgr Bourget de se servir de son titre d'ancien confrère de classe pour inciter l'abbé Chartier à manifester plus de réserve dans ses démarches d'ordre politique. Il a appris par ailleurs par le très constitutionnel curé Paquin que la conduite de M. Chartier lors du grand rassemblement tenu à Sainte-Scholastique le 1er juin dernier en l'honneur de Papineau, avait été exemplaire. Il s'était contenté d'assister de loin à l'événement, ce qui ne l'empêcha pas de gronder certains de ses paroissiens qui avaient donné dans l'ivresse. Par ailleurs, Mgr Lartigue se réjouissait d'avoir appris que le curé Chartier n'était sans doute pas celui qui avait parlé de Papineau comme du « Sauveur du Pays ».

Malgré tout il semble bien que l'évêque de Montréal soit incapable de s'empêcher de manifester, chaque fois qu'il le peut, une mesquinerie maladive à l'endroit du petit curé de campagne. Ainsi, par exemple, si le voyage qu'il projetait pour les noces d'or de ses parents se concrétisait, il lui demanderait de profiter de l'occasion pour aller à Québec s'excuser de ses excès auprès du gouvernement.

Mais il y a pire. Lartigue fait allusion à une déposition sous serment d'un habitant de Saint-Martin à propos des idées politiques du curé Chartier. Le saint évêque reconnaît que ce document est mal rédigé, mal écrit, et qu'il n'est en réalité qu'un «chiffon illisible et sans autorité». Et pourtant, le chiffon en question a été remis à un officier de la couronne. Lartigue était de mauvaise foi et voulait la perte du curé Chartier.

On avait aussi beaucoup parlé en ces derniers temps d'une grange que possédait le curé Paquin dans les campagnes des alentours où il remisait les grains de la dîme, et qui aurait été renversée, en même temps qu'on aurait dispersé les animaux à travers champs. Or Mgr Lartigue a appris que ce ne serait peut-être pas l'œuvre des patriotes.

Par moment, on a l'impression que Mgr Lartigue consacra autant de temps au curé Chartier qu'aux affaires de son diocèse. Ainsi il prend encore le temps - toujours en juillet 1837 - de l'inviter à conseiller à trois de ses paroissiens de ne pas résister au shérif qui avait contre eux un mandat d'arrestation. Peu importe la décision du curé, ce sont les habitants de la paroisse eux-mêmes qui se sont interposés et ont facilité la fuite de leurs amis.

Plus le temps avance, plus le fossé se creuse entre le curé et son évêque. L'incompréhension grandit à un tel point que le curé Chartier, découragé par la somme de travail qu'il doit abattre, remet sa démission comme curé de Saint-Benoît et décide de conserver uniquement la cure de Saint-Hermas. En effet, une tradition existait dans le diocèse qui voulait que «les curés de deux paroisses démembrées aient le choix sur l'une des deux» comme le rappelait le curé Chartier à son évêque dans une lettre du 25 août. Le curé Chartier en a gros sur le cœur. Il le dit d'emblée dans les premières lignes de sa lettre:

Je n'ai reçu que le quatre du présent mois votre lettre du 19 juin en réponse à la mienne du 29 mai dans laquelle je vous demandais des pouvoirs de vicaire pour M. Leclerc qui consistait à venir partager avec moi le fardeau de mon ministère, auquel une force surhumaine pourrait à peine suffire. Le ton de votre réponse à l'unisson avec celui de presque toutes les lettres que j'ai eu l'occasion de recevoir de Votre Grandeur, et conforme d'ailleurs à toutes les choses dures que V.G. a bien voulu me dire à mon entrevue du mois de mai et que je suis surpris de moi-même que j'aie pu endurer avec tant de sang-froid tout cela, Monseigneur, a laissé dans mon cœur une succession de malaises que d'autres actes subséquents de votre part ne font qu'augmenter.

Le temps qu'a mis Mgr Lartigue pour répondre à la lettre du curé Chartier est la preuve du peu de cas ou plutôt du mépris que l'évêque avait pour son curé. Le curé Chartier ne verra pas son désir exaucé. Il n'aura pas de vicaire et ne sera pas curé de Saint-Hermas. Il demeurera seul à Saint-Benoît. Cette décision le blesse profondément et vient ajouter à sa déception et sans doute à ses souffrances intérieures. Cela explique un autre cri du cœur. Le curé Chartier revient sur sa demande de quitter la paroisse-mère pour la paroisse-fille, Saint-Hermas :

> Ainsi cet usage du diocèse étant conforme à la discipline ecclésiastique, pourquoi V.G. voudrait-elle y déroger, pour le plaisir seul de me peiner comme elle ne me l'a que trop clairement donné à entendre : et pour me punir de quoi ? De quelque méconduite ? Point du tout ; mais de n'avoir pas eu le talent de lui plaire.

Dans l'espoir de convaincre son évêque de l'énormité de la tâche à laquelle il est quotidiennement confronté, le curé Chartier dresse un tableau complet de toutes les charges qui l'attendent... en souhaitant qu'un tel tableau puisse émouvoir Sa Grandeur et que cela l'incite à lui donner le vicaire si désespérément souhaité et attendu :

> Que résulte-t-il de là, Monseigneur ? Que vous avez usé mes forces et ma patience. Je me trouve

depuis l'automne dernier avec trois mille communiants et responsable de deux paroisses, obligé à deux dessertes ne pouvant donner que quatre jours de la semaine à St-Benoît et deux à St-Hermas, trop faible partage pour la besogne de chacune des deux paroisses. Ayant deux premières communions à faire, l'une à St-Benoît pour plus de cent enfants à qui je fais le catéchisme depuis le mois de juin quatre jours la semaine, l'autre à St-Hermas pour 80 enfants avec catéchisme les mercredi et jeudi: ainsi, je fais le catéchisme tous les après-midi, tous les jours de la semaine. Je confesse tous les jours toutes les matinées entières jusqu'à une heure, 1 1/2 heure, 2 heures et quelquefois 2 1/2 heures de l'après-midi. Ce carême, j'ai confessé jusqu'à 11 heures et demi du soir à St-Hermas, et il m'arrive d'y confesser jusqu'à 9 et 9 1/2 du soir. Ainsi, pas une seule demi-journée de repos depuis le mercredi des cendres!!!

Depuis deux ans, tous mes loisirs ont été occupés aux comptes de ma paroisse, et V.G. ose encore me refuser la faible aide de M. Leclerc! et cela, pour la pitoyable raison que «ce n'est pas à moi à choisir mon vicaire». Monseigneur, la chose serait incroyable si elle n'était pas écrite de la propre main de V.G. Si V.G. se croit justifiable devant Dieu de maltraiter ainsi un prêtre auquel vous et d'autres évêques avez été obligés parfois de faire des compliments et à qui V.G. n'a à reprocher que certaines opinions au moins très probables si elles ne sont pas certaines, mais qui ne cadrent pas avec celles de V.G., lesquelles ne cadrent pas non plus pour celles de tout le monde, je me crois également justifiable dans la détermination que je prends, quoiqu'il en puisse advenir.

Peut-être vaudrait-il mieux changer de stratégie et mettre Sa Grandeur devant un fait accompli. Chartier annonce qu'il abandonne Saint-Benoît pour Saint-Hermas :

> Je ne me sens plus la force ni le courage de passer une nouvelle année à St-Benoît où les scandales les plus dégoûtants éclatent presque à chaque mois : encore pendant mon absence, la femme du bedeau a rompu avec son mari parce qu'il se livrait à des pratiques honteuses avec son engagé ; l'affaire est publique dans toute la paroisse. Voilà le premier bonjour que j'ai eu en arrivant dimanche matin. Je remets donc par la présente à Votre Grandeur ma cure de St-Benoît pour le 1er octobre prochain et je m'en tiens à ma cure de St-Hermas, dont j'informe V.G que je fais choix de préférence.

Une réponse arrive de l'évêché trois semaines plus tard : Mgr Lartigue maintient sa décision. M. Chartier demeurera bel et bien curé de Saint-Benoît et tous les pouvoirs qu'il détenait sur Saint-Hermas sont révoqués. M. Ferdinand Belleau, ci-devant curé de Saint-André, est nommé curé de Saint-Hermas. Il partagera son temps et ses efforts entre les deux paroisses. Mgr Lartigue, prudent ou inquiet, lui conseille de ne pas évoquer publiquement le conflit avec M, Chartier dont il devrait tenter d'acquérir les objets d'église lui appartenant. Autre cruelle déception pour M. Chartier dont la réaction ne tarde pas et la «guerre» se poursuit avec Sa Grandeur comme l'atteste sa lettre du 20 septembre. Nous n'en retiendrons que les deux passages les plus révélateurs:

> Ainsi, Monseigneur, je ne puis faire autrement, si vous persistez à ne pas admettre mon choix de St-Hermas, que de vous considérer, à mes yeux, comme bien et dûment convaincu de fouler aux pieds les saintes règles de l'Église à mon détriment.

> J'avais d'abord l'intention de protester contre Mr Belleau (...) et de le poursuivre ensuite pour m'avoir troublé de ma profession; mais la religion a déjà tant de plaies dans ce pays et Votre Grandeur y a déjà excité tant de clameur et de chicanes scandaleuses, que j'aime mieux faire le sacrifice de mes droits pour éviter un nouveau scandale.

Les échanges entre le curé de campagne, qui se disait maintenant curé de Saint-Hermas, et Sa Grandeur vont se poursuivre encore un certain temps. À peine Mgr Lartigue avait-il dû prendre connaissance des opinions que le curé Chartier nourrissait à son endroit, qu'à l'occasion d'une banale affaire de dispense de bans, il lui rappelle, le 27 septembre, qu'il est toujours le curé de Saint-Benoît, puisqu'«il n'y a point de démission d'une cure sans qu'elle ait été acceptée par le supérieur».

Les jours s'écoulent et le temps des grandes confrontations va arriver. Lartigue tente un dernier effort. Cette fois il demande au curé Bonin, de Sainte-Scholastique, la paroisse voisine, d'intervenir auprès de son confrère et ami. Le 3 octobre, sa demande prend la forme d'une supplique: «Si vous pouviez aussi le ramener de toutes ses folies passées et présentes, vous lui rendriez un grand service outre le bien qu'en tirerait la religion. Quelle tête, Grand Dieu!»

En novembre, débuteront dans le comté de Deux-Montagnes l'agitation, la violence et les «troubles». Un triste sort attend Saint-Eustache et Saint-Benoît.

Au Grand-Brûlé, Étienne Chartier, sans vicaire, est toujours curé mais c'est un homme aigri et désabusé, rempli d'amertume, qui va se lancer corps et âme dans une aventure qui finalement le mènera à un exil de près de dix ans. Pourtant, rien ne nous interdit de penser qu'avec un peu plus de compréhension et de bienveillance de la part des évêques de Québec d'abord, puis de Montréal par la suite, le destin de cet homme intelligent et énergique n'aurait pas été changé dans le plus grand intérêt de ses concitoyens qu'il aimait profondément?

IV

DÉCEMBRE 1837

La mort ou l'exil

Au lendemain des affrontements de Saint-Denis et de Saint-Charles, Mgr Lartigue, profondément inquiet de ce qui se passe dans son diocèse, communique avec l'évêque de Québec et l'informe des bonnes dispositions des prêtres des deux îles de Montréal et de tous ceux de la « côte nord, de Sainte-Thérèse à Vaudreuil »... sauf deux : M. Saint-Germain, curé de Saint-Laurent, et M. Chartier, curé de Saint-Benoît. Tous, sauf ces deux récalcitrants, sont prêts à faire serment de leur bonne foi auprès du Parlement britannique. Les deux récalcitrants, bien entendu, s'y opposent cependant pour des raisons différentes, ces deux prêtres représentant en réalité deux tendances nettement opposées.

Cette initiative conjointe des deux diocèses du Bas-Canada vise à solliciter la compréhension et la générosité du gouvernement britannique. Mgr Lartigue a peur des vives tensions qui existent dans la vallée du Richelieu et déplore les ravages faits par les troupes à Saint-Charles et craint que ces mêmes troupes ne cherchent à se venger des insultes qu'elles auraient reçues. L'évêque de Montréal est au bord de la panique. il se voit même obligé de quitter son diocèse :

> Mais qui sait si cette situation ne changera pas d'une heure à l'autre et si je ne serai pas bientôt obligé, pour ma sûreté, de quitter mon diocèse, car les menaces ne manquent pas contre moi et l'on n'a pas ménagé les termes ?

Mgr Lartigue a peur et s'attend au pire. Il constate aussi à son grand regret que l'agitation n'a pas diminué... excepté à Montréal. Dans un post-scriptum étonnant, le saint évêque ajoute :

> On pense ici que si le gouvernement assignait dans chaque paroisse de ce district un lieu où ses mutins allassent déposer leurs armes, leur promettant grâce à cette condition, il en résulterait un grand bien.

Les évêques sont un peu désemparés. L'agitation dans les paroisses les perturbe d'autant plus qu'ils ne savent plus très bien quels sont les véritables sentiments des curés, qui, tout « hommes de Dieu » qu'ils soient, n'en demeurent pas moins des curés de campagnes, issus du même milieu que les rebelles, et souffrant aussi, en tant que citoyens canadiens du Bas-Canada, des mêmes injustices. Les curés sympathiques à la cause des Patriotes sont beaucoup plus nombreux qu'on pense et les évêques s'en inquiètent comme le laissent percevoir les échanges de correspondance entre Nos Seigneurs Signay, évêque de Québec, Turgeon, son coadjuteur, et Lartigue, de Montréal qui, rappelons-le, est le cousin de Louis-Joseph Papineau. Quant à Mgr Bourget, il n'a rang d'évêque que depuis juillet et ce n'est qu'après le décès de Mgr Lartigue, le 16 avril 1840, qu'on entendra surtout parler de lui.

Dans une lettre adressée au curé François Demers, de Saint-Denis, Mgr Lartigue rappelle en quelque sorte son mandement d'octobre et l'allocution qu'il avait prononcée lors du sacre de Mgr Bourget, en juillet: point de sacrements pour ceux qui ont participé à l'insurrection:

> Et s'ils meurent sans s'être repentis et rétractés, ils doivent être privés de la sépulture ecclésiastique; il ne faut pas leur chanter de services publics, quoiqu'ils aient réparé avant de mourir leur agression armée: ceux-là sont bien morts, à mon avis, *in flagrante delicto,* quoiqu'on ignore ce qui a pu les excuser aux yeux de Dieu.

Mais le cas Chartier préoccupe particulièrement l'évêque de Montréal. Il est compréhensif à l'endroit du curé Magloire Blanchet, de Saint-

Charles, accusé injustement selon lui de «haute trahison» et implore même la clémence de Colborne à son endroit, mais il demeure intraitable dans le cas du curé Chartier. Rappelant le 23 décembre dans une lettre à Mgr Turgeon les démarches en cours en faveur du curé Blanchet, il prend soin du même coup de souligner que sa générosité ne s'étend pas au cas Chartier dont il dit : «Je n'en dirais pas autant pour le pauvre Chartier en faveur duquel je n'ai pas de précédents aussi avantageux». Lartigue, dès le 23 décembre, savait que le curé Chartier avait gagné les États-Unis.

Chartier en fuite, Saint-Benoît n'avait plus de curé. Plongé dans une grande misère suite à l'incendie du village et à l'emprisonnement de plusieurs dizaines de chefs de famille, la petite paroisse avait besoin de la présence d'un prêtre. Dans un premier temps, ce sont les curés des paroisses voisines - dont le curé Paquin et son vicaire Desève de Saint-Eustache - qui se partagèrent le ministère avant la nomination d'un curé.

Avec janvier, commencèrent les procédures d'interdiction du curé Chartier. Mgr Lartigue fit de son coadjuteur Mgr Ignace Bourget son commissaire enquêteur. Ce doit être avec un pincement au cœur que Mgr Bourget entreprit son enquête car Étienne Chartier avait été son compagnon d'études à Québec. Il devait bien y avoir au fond de la mémoire de Mgr Bourget quelques bons souvenirs de cette époque... La commission transmise par Mgr Lartigue à Mgr Bourget était ainsi rédigée:

> Par les présentes, nous, soussigné, Évêque de Montréal, avons commissionné et commissionnons Mgr Ig. Bourget, Évêque de Telmesse et notre coadjuteur, pour se transporter, dans un jour à son choix, à la Paroisse de St-Benoît en ce diocèse, après notice convenable donnée aux habitants de la dite paroisse du jour et du lieu donné où il se trouvera, pour faire enquête sur la conduite de Mr Étienne Chartier Prêtre, ci-devant résidant avec les pouvoirs curiaux dans la dite paroisse et qui a abandonné la dite cure le 15 décembre dernier...

Tous les curés des paroisses voisines annoncèrent cette enquête au prône. À Saint-Eustache le curé Paquin dut le faire avec un malin plaisir en raison de son inimitié notoire envers son confrère de Saint-Benoît. Le curé Bonin, de Sainte-Scholastique, et le curé Belleau, de Saint-Hermas, ne manquèrent pas à leur tâche. L'abbé Desève, vicaire à Saint-Eustache et desservant temporaire de Saint-Benoît, fit également la lecture du même document dans la paroisse orpheline. Tous les paroissiens étaient prévenus, tous pourraient témoigner. Seul le curé Chartier serait absent.

L'enquête eut bel et bien lieu le 24 janvier. Voici un large extrait du rapport qu'en a dressé

Mgr Bourget. Le rapport portait aussi, entre autres, la signature du curé Paquin et de l'abbé A.-F. Truteau, secrétaire de l'évêque de Montréal :

> D'abord ayant appris que Mr Étienne Chartier, ci-devant desservant la Paroisse de St-Benoit, était absent de la dite Paroisse, Nous avons fait citer dûment par trois fois à la porte de la maison d'Olivier Richer dans la côte St-Jean de la dite Paroisse où nous faisons la dite enquête ; et comme il Nous a été rapporté par Olivier Richer et Basile Joron que le dit Mr Chartier était absent de sa paroisse depuis le 15 de décembre dernier et qu'il n'est pas revenu depuis, témoignage corroboré par une lettre de St-Albans dans l'état de Vermont le 2 du présent mois de janvier, et écrite par le susdit Pr Chartier à Mgr l'Évêque de Montréal, Nous avons écouté en l'absence du dit Curé de St-Benoit, les dépositions ci-jointes (...) assermenté M. P.-E. Lachaine et G. Donnegani, Magistrats de sa Majesté, par lesquelles il appert que le dit Mr Étienne Chartier a encouragé ses Paroissiens, tant en chaire que dans des conversations particulières, à se révolter contre le Gouvernement.

Ce rapport fut rédigé le 24 janvier 1838. Trois jours plus tard seulement, le 27 janvier, Mgr Lartigue donna libre cours à son courroux et frappa d'interdiction le curé fuyard :

> Jean-Jacques Lartigue, Évêque de Montréal, et vu la procédure ci-jointe, faite par Mgr de Telmesse, notre coadjuteur et vicaire-général, d'après notre

commission à lui donnée pour cet effet le 19 du présent mois, sur la conduite de Mr Étienne Chartier Prêtre résident de la Paroisse de St-Benoit en ce diocèse : vu aussi les témoignages sous serment et ci-annexés, de plusieurs personnes qui attestent infiniment que, lorsqu'il était dans la dite Paroisse de St-Benoit, le dit Mr Chartier a excité et exhorté divers sujets de Sa Majesté Britannique à la révolte ouverte contre le Gouvernement de Sa dite Majesté : vu enfin qu'une telle conduite, strictement défendue par le dogme de la Religion catholique, et par les saints canons de l'Église, mérite punition : Nous, par la présente, interdisons jusqu'à révocation par nous ou nos successeurs Évêques, au dit Mr Étienne Chartier Prêtre l'exercice de toutes fonctions sacerdotales et cléricales ; et nous le déclarons déchu de tout droit qu'il pouvait prétendre pour la cure de St-Benoit qu'il ... ci-devant, révoquons les pouvoirs curiaux que nous lui avions donnés en lui accordant juridiction dans cette Paroisse ... voulant que la dite sentence puisse lui être signifiée par qui que ce soit qui sera ... d'icelle et en quel que lieu ou temps que ce puisse être, avec injonction à lui de s'y conformer où qu'il en aura eu connaissance, sous peine d'excommunication ipso facto.

Le sort en était jeté. Cette interdiction allait tenir le curé Chartier en exil pendant huit ans. Il ne reviendra de façon définitive dans son pays qu'en 1845.

Mgr Lartigue meurt en 1840. En 1841 s'amorcera un dialogue entre l'abbé Chartier, et

Mgr Bourget, le nouvel évêque de Montréal. Chartier se pliera aux exigences de son nouveau supérieur et ce n'est qu'aux conditions imposées par Mgr Bourget que l'ancien curé rebelle, après rétractation et reconnaissance de ses torts (en 1841), reviendra dans le diocèse de Montréal pour y prendre charge d'une nouvelle paroisse. Ce sera à St-Grégoire d'Iberville, en 1845.

Cet exil sera long et difficile pour le curé Chartier.

* * * *

Arrivé sur les bords de la rivière du Chêne en 1821, venant de Saint-François du Lac et de la mission indienne d'Odanak, le curé JACQUES PAQUIN régnait déjà sur Saint-Eustache depuis plus de quinze ans quand les patriotes et aussi ses paroissiens eurent à subir la cruelle répression de Colborne et des militaires de la toute jeune reine Victoria. Au moment de cette bataille mémorable, Saint-Eustache était de loin la paroisse la plus populeuse, la plus active, la plus riche et aussi la plus vaste de la région. Dans son *Topographical Dictionary of the Province of Lower Canada* (Londres, 1832), Bouchette y avait dénombré une population de 5 477 habitants.

Considéré comme ultra-loyaliste et en bonne relation avec Mgr Lartigue, le curé Paquin était un dévoué pasteur et un grand bâtisseur d'écoles. Le domaine des Lettres ne lui était pas étranger loin de là. Possédant une impressionnante bibliothèque, doué d'une vaste culture, il avait travaillé avec l'évêque de Telmesse à élaborer un projet de journal ecclésiastique. Sans l'appui de l'évêque de Québec, Mgr Panet, le projet ne vit jamais le jour. Dommage pour le curé Paquin, car en raison de la confiance qu'avait en lui Mgr Lartigue, il en aurait été assurément l'un des collaborateurs éminents. Il se consola en travaillant plusieurs années à une histoire de l'église en Canada qui ne fut jamais publiée.

Nous en possédons cependant aujourd'hui une partie sous forme de «*Mémoires*». Le Québec a peut-être été ainsi privé d'un certain nombre de connaissances historiques, mais la littérature canadienne n'a qu'a se réjouir de cette non-publication. La lecture de la correspondance du curé Paquin ou de certaines pages de ses *Mémoires* - et surtout ses quelques lettres adressées aux journaux - pourraient convaincre les plus sceptiques. Un exemple : mis au repos forcé par les médecins de Saint-Eustache au plus fort de l'épidémie de choléra, en 1832, il écrit dans la *Minerve* : «Mes deux esculapes m'ont forcé à m'asseoir au banquet d'Hippocrate»!

Orgueilleux et doué d'un tempérament de chef - il avait aussi un physique impressionnant - le curé Paquin avait des relations souvent difficiles et parfois même acrimonieuses avec ses confrères des paroisses voisines. On imagine alors qu'il éprouvait envers le curé rebelle du Grand-Brûlé des sentiments nettement hostiles. D'ailleurs, au lendemain du 14 et 15 décembre 1837, et après la fuite du curé Chartier, Mgr Lartigue confiera au curé de Saint-Eustache des tâches d'enquêteur spécial chargé de faire la lumière sur la conduite du curé fugitif. Et le curé Paquin s'acquittera de ses devoirs avec grande conscience et sans doute aussi avec une évidente satisfaction.

Dans son *Journal historique,* M. Paquin porte sur le curé Chartier un jugement très sévère. Bien sûr, le rôle du curé de Saint-Benoît est ambigu et sa conduite parfois insaisissable. Il n'était peut-être pas nécessaire toutefois de pousser la charge aussi loin et de vouloir le ridiculiser. Paquin ne donne guère ici un grand exemple de charité chrétienne, lui qui pourtant quelques jours plus tard écrira à Colborne qu'il ne cesse de prier pour lui. Il aurait dû faire la même promesse au pauvre curé Chartier.

Le curé Paquin reproche d'abord leur lâcheté à tous les gens du Grand-Brûlé et au curé Chartier tout particulièrement parce qu'au fond de leur cœur ils souhaitaient tous que ce soit Saint-Eustache qui reçoive le premier choc des armées, donc le plus brutal.

10 décembre - La politique des chefs du Grand-Brûlé en engageant leurs co-paroissiens à ne point rester à St-Eustache était aussi égoïste que cruelle; ils avaient calculé que cette paroisse, d'après sa position entre la ville et St-Benoit, recevrait le premier choc de l'armée du gouvernement, et ils se dirent alors qu'il fallait envoyer les habitants des paroisses voisines se battre à St-Eustache, que les gens de St-Benoit verraient quels seraient leurs succès et agiraient ensuite en conséquence; leur affreux calcul n'était que trop juste et la malheureuse paroisse de St-Eustache où l'on comptait un grand nombre de loyaux a été le théâtre des plus affreux massacres.

Après avoir fait remarquer insidieusement que Saint-Eustache comptait un grand nombre de «loyaux», Paquin prend un malin plaisir à faire état des faits et gestes du curé du Grand-Brûlé. Il insiste sur la violence qu'il peut manifester à l'occasion et ne rata pas l'occasion d'appeler «sédition» l'action des Patriotes. Par ailleurs, on sent très bien que M. Chartier n'était pas le bienvenu à la table du curé de Saint-Eustache qui ne semblait guère porté au partage.

Le 12 décembre - Le mardi matin, on reçut au presbytère de St-Eustache la visite de M. Chartier, curé de St-Benoit, et un des plus violents chefs d'insurgés dans sa paroisse. C'était la première fois qu'il se montrait à la Rivière du Chêne, depuis que la sédition y avait éclaté. M. Paquin lui montra une lettre qu'il avait reçue de l'évêque de Montréal, dans laquelle ce supérieur ecclésiastique blâmait fortement la conduite de M. Chartier; celui-ci lut la lettre, mais cette lecture n'abattit en rien son enthousiasme patriotique. M. Chartier prit sa part du petit repas du presbytère qui, grâce aux fréquentes visites des patriotes, était loin d'être somptueux.

Étant indisposé, le curé Paquin - que les visites de son confrère du Grand-Brûlé répugnent toujours - passa la journée du 13 décembre sur son domaine, à une quarantaine d'arpents du camp des rebelles, c'est-à-dire de l'église et du couvent. Mais cela ne l'empêcha pas de qualifier de « bouillante » la harangue que le curé Chartier fit aux troupes assemblées sur la grande place de l'église. Tout laisse croire, dans son journal, qu'il aurait entendu ce discours alors qu'il dit lui-même qu'il était à l'abri, dans sa ferme, loin de ces lieux.

Par ailleurs, il affirme que le curé Chartier fit deux fois, en cette même journée, le trajet entre le Grand-Brûlé et Saint-Eustache. Difficile à croire, surtout en raison de la longueur réduite des jours en cette période de l'année et de la distance à parcourir deux fois par des chemins enneigés rarement déblayés, sans parler du vent et du froid.

Le 13 décembre - Le lendemain, de fort bonne heure, Messire Chartier était de retour au camp de

St-Eustache; ce jour-là M. Paquin était indisposé et demeura au domaine; M. Desève se rendit seul au village pour y dire la messe. M. Chartier déjeuna au camp avec l'état-major; puis, sur les onze heures il se rendit au presbytère avec le général Girod, sous prétexte de rendre visite à M. Desève... de là ils se rendirent à la ferme où se trouvait M. Paquin, et où, malgré ses répugnances, il dut recevoir ses hôtes importuns...

Lorsque MM. Girod et Chartier furent de retour de la ferme de M. Paquin, tous les insurgés furent rassemblés sur la place de l'église avec leurs armes... Ils étaient au nombre de huit cents, ou environ, armés et équipés de la manière la plus pitoyable et la plus grotesque... Girod se présenta et leur adressa la parole... Après qu'il eut terminé sa harangue, M. Chartier monta sur la galerie et parla pendant une vingtaine de minutes; ses paroles se ressentaient peu de son ministère; nous n'entrerons dans aucun détail sur ce discours et nous jetterons un voile sur cette circonstance bien déplorable, sans doute en elle-même, mais qui ne peut faire aucun tort au clergé canadien, car M. Chartier n'a pas eu d'imitateur parmi ses confrères.

M. Chartier revint sur le soir à la ferme de M. Paquin où sa visite était peu agréable. Le curé de St-Eustache eut avec lui une longue discussion, dans laquelle il chercha à lui faire sentir toute la responsabilité dont il se chargeait; il lui reprocha de prendre part aux excès commis par les rebelles...

On se demande pourquoi, en réalité, le curé Chartier se serait ainsi rendu, au total, trois fois à la ferme du curé Paquin puisqu'il ne pouvait rien en attendre, sinon les reproches les plus vifs. Tout au long des passages de son journal consacrés à Messire Chartier, le curé Paquin laisse transparaître la haine qu'il lui porte. Et on comprendra facilement comment, dans les semaines qui suivirent, le curé de Saint-Eustache acceptera de jouer les grands inquisiteurs et poursuivra, à la requête de Mgr Lartigue, son enquête sur les faits et gestes de Chartier.

Puis vint le 14 décembre. L'imminence du combat, la vue des troupes et les premiers coups de canon firent prendre brutalement conscience au curé Chartier, et à tous les autres chefs, sauf Chénier, que non seulement les Patriotes n'avaient aucune chance de vaincre l'armée de Colborne et ses volontaires, mais surtout qu'ils allaient vers une mort certaine s'ils persistaient dans leur intention de combattre. Là s'achevait le rêve, là s'évanouissaient les illusions.

Chénier seul demeura au combat. Il y trouva la mort au bout de quelques heures. Girod fut le premier à fuir. Il se suicida quelques jours plus tard, à Montréal, sur la côte à Baron. Tous les chefs prirent la fuite. Peu importe les motifs invoqués : repli défensif, stratégie, mise en réserve... Ils prirent tous la fuite, Papineau un des premiers. Peut-on alors reprocher à Étienne Chartier d'avoir cherché à sauver sa peau ? Paquin raconte et exagère...

> 14 décembre - Chartier qui se trouvait alors au village fut tellement pressé de se sauver dès qu'il eut entendu quelques coups de canon qu'il n'eut pas le temps de prendre sa voiture qui était alors chez le Dr Chénier et qu'il se sauva à pied. À quelque distance du village, il se jeta dans une traîne qui passait avec deux femmes et cinq ou six enfants en bas âge ; mais bientôt, trouvant que cette traîne n'allait pas assez vite, il se remit à courir de plus belle et courut ainsi pendant une demi-heure au moins avec une foule de fuyards, ne le cédant à personne en agilité. Enfin, à la concession du Petit Chicot, il prit une voiture et se rendit en toute hâte au Grand Brûlé porter la nouvelle de ce qui se passait à St. Eustache.

Déjà nous savons que le curé Paquin a toujours reproché aux habitants du Grand-Brûlé d'avoir poussé les gens de Saint-Eustache à la confrontation. C'est donc Saint-Eustache qui servirait de bouclier à Saint-Benoît et qui recevrait les premiers coups. Il ne pouvait en être autrement en raison de la situation géographique de Saint-Eustache, à mi-chemin ou à peu près entre Montréal et le Grand-Brûlé. Si Saint-Eustache allait devenir le camp retranché, c'est vrai que c'est à Saint-Benoît que se trouvaient les stratèges et les chefs. C'est d'ailleurs à

Saint-Benoît que Jean-Olivier Chénier avait prononcé ses premiers discours, participé à ses premières grandes assemblées de protestation où on lui confiait presque toujours le soin de rédiger les procès-verbaux. C'est au Grand-Brûlé qu'il avait pris contact avec le mouvement insurrectionnel et qu'il en était devenu un des chefs, beaucoup plus discret que les autres cependant. Non seulement le curé Paquin ne portait pas l'abbé Chartier dans son cœur, mais encore détestait-il presque tout autant ses paroissiens. Et c'est aussi avec une malice évidente qu'il rapporte, dans son journal, la fuite des chefs...

> Le 15 décembre - St-Benoit avait toujours été considéré comme le fort imprenable des rebelles; c'est là qu'on disait qu'ils avaient concentré toutes leurs forces; c'est là que se trouvaient presque tous les chefs les plus violents, et d'ailleurs St-Benoit s'était fait de tout temps remarquer par l'emportement patriotique de ses habitans et les violences commises contre les loyaux sujets du gouvernement. Dès que la première nouvelle des désastres de St-Eustache y était parvenue, tous les chefs avaient pris la fuite et avaient songé à se mettre en sûreté. Le général Girod donna l'exemple en se sauvant le premier (...) Nous donnerons plus tard quelques détails sur ce que devinrent ces différents individus.

C'est sous la date du 16 décembre que l'auteur du *Journal historique* place le départ du curé rebelle:

> Le révérend Messire Chartier s'était sauvé en toute hâte du côté qui lui semblait le plus sûr (...) Le révérend Chartier, les Lorimier et le Dr O. Brien, prirent leur route par les concessions éloignées, se dirigeant vers Berthier. Ils traversèrent le fleuve à Sorel, ils se rendirent dans les Townships du côté de Drummondville, et après bien des traverses, après avoir été même arrêtés trois fois et s'être heureusement évadés, ils parvinrent à se rendre sur le sol américain.

* * * *

GIROD, cet énigmatique imposteur d'origine suisse qui s'est auto-proclamé généralissime en chef des forces patriotes, et soi-disant envoyé de Papineau dans les Cantons du Nord, a lui aussi tenu un journal, du 15 novembre au 8 décembre.

Dès la mi-novembre 1837, sous prétexte d'aller «voir ce qu'on peut y faire», il quitte la rive sud afin de s'éloigner de la vallée du Richelieu où la situation devient délicate. Arrivé au Grand-Brûlé, disait-il, «vous aurez de mes nouvelles.» Il se fit conduire à Sainte-Rose, où il fit escale chez le curé Magloire Turcotte. Il raconte sa visite en ces termes:

... à Sainte-Rose nous prîmes nos quartiers pour la nuit chez M. Turcotte, le curé de la paroisse. Je rencontrai là Paquin et quelques autres personnes qui auraient voulu parler politique. Mais connaissant sa conduite précédente et sa récente trahison, au bout de peu de temps je fus en mesure de lui imposer silence. Turcotte en cette circonstance montra jusqu'à quel point il était un faux ami. Une fois qu'il fut seul avec son frère et moi il se mit à jouer le rôle d'un *patriote* et dit en notre présence à un de ses paroissiens : « Le temps est venu où il n'est plus possible de rester neutre...

Jamais nous ne saurons si nous devons ajouter foi aux déclarations de ce personnage prétentieux et arrogant. Il n'en demeure pas moins que c'est le curé Turcotte, de Sainte-Rose, et le vicaire Desève, de Saint-Eustache, qui portèrent les premiers secours aux mourants et aux blessés de Saint-Eustache. M. Turcotte se rendit même sur la rivière gelée afin de réconforter les mourants et leur administrer les derniers sacrements. Le curé Paquin, lui, au lendemain de la bataille du 14 décembre, se hâtera plutôt d'aller faire l'inventaire du coffre-fort du presbytère.

Passant ensuite par Saint-Eustache, Girod prit contact avec Chénier qu'il trouva bien disposé, et avec le député et commerçant William-Henry Scott qu'il disait ne pas aimer. Quittant la Rivière du Chêne le 16, il arriva à Saint-Benoît à 11 heures du soir. Il se sentait mieux dans ce pays hospitalier où «non seulement les chefs, mais tous les habitants sont prêts à faire le sacrifice de leurs biens et de leur vie pour défendre la liberté du Canada.» Girod sentait déjà qu'il serait facile de devenir le chef de pauvres habitants ainsi disposés.

Au cours d'une discussion avec Scott, dans la journée du 18, ce dernier suggéra de ne rien faire sans consulter le président de la Chambre (M. Papineau), Girod refusa tout net.

Ce n'est que le 25 novembre, selon le journal de Girod, que ce dernier fit pour la première fois la rencontre du curé Chartier à l'occasion d'une réunion à laquelle participaient les chefs...

Samedi 25 novembre - Les cloches de Sainte-Scholastique donnèrent l'alarme. Girouard, Barcelo, le curé Chartier, Dumouchelle et moi nous nous réunîmes en conseil et je leur exposai mon projet. Barcelo tout d'abord s'en déclara l'adversaire. Chénier ne pensait qu'à se venger de ses ennemis de la Rivière du Chêne et il déclara qu'il ne ferait rien autre chose. Girouard voulait temporiser et le curé se mit de son côté. Ainsi ils résolurent de se tenir sur la défensive. Je me repentis pour la première fois d'avoir placé ma confiance en des personnes ayant un caractère si hésitant.

Ainsi donc, le curé Chartier aurait fait preuve de prudence et de modération au cours de cette rencontre. Mais cette prudence ne dura pas. En effet, en date du 1er décembre, Girod écrit...

Le curé Chartier a déclaré du haut de la chaire que pour la défense de ses droits le peuple devait aller de l'avant et se battre». Ces paroles ont eu l'air de mécontenter Girouard. MM. Olier et Provost sont venus de Sainte-Anne-des-Plaines (...) Chartier se mêla à la conversation; il accusa Girouard et la population du Grand-Brûlé de lâcheté.

Il est vrai que le curé Chartier a utilisé la chaire pour tenter de convaincre un certain nombre de ses paroissiens du bien-fondé de la cause des Patriotes. Peut-être n'avait-il pas tort quant aux motifs de colère et d'indignation, quant aux moyens... Le curé Paquin et Mgr Lartigue ne cesseront jamais de rappeler au curé de Saint-Benoît ses homélies patriotiques.

Après la rétractation de l'abbé Chartier et sa confession publique dans les journaux du pays en 1841, le curé Paquin, dans ses *Mémoires*, ne cesse de harceler le curé repentant. Il écrit; «M. Chartier est revenu (...) chanter la palinodie après avoir réclamé le droit de rébellion et compromettant sans raison ses anciens amis». M. Paquin aurait-il préféré que le curé Chartier se taise ou persiste dans ses intentions dont lui-même Paquin était le premier à lui tenir rigueur?

V

DE L'ESPOIR À LA DÉSILLUSION
Le réquisitoire contre Papineau

Le curé Chartier est un homme d'idéal et ne désespère pas facilement en dépit de toutes les épreuves qu'il a subies et de tous les obstacles qui ont surgi sur sa route, sans parler des complots et des mesquineries dont il fut la victime. Est-il besoin de rappeler les tracasseries dont il a fait l'objet de la part de ses supérieurs les évêques, tant de Québec que de Montréal.

La « lettre à Papineau » marque un moment précis de son évolution et de sa pensée. Il rédige, en novembre 1839, une longue lettre à son « chef et ami » dont la conduite récente laisse songeur. Mais cette lettre dont il communique le contenu à des proches en qui il a confiance, il ne l'enverra jamais lui-même à Papineau. D'autres cependant n'hésiteront pas à le faire pour servir leurs intérêts et leur ambition, compromettant ainsi l'auteur de ce long réquisitoire. À compter de ce moment, les relations entre le curé Chartier et les membres de la famille Papineau ne seront plus jamais les mêmes. Chartier aura été encore une fois victime de sa bonne foi.

Dans une lettre du 4 mars 1839, Mme Papineau, de son refuge d'Albany, écrit à son mari et lui parle abondamment et en toute confiance de l'abbé Chartier, lui donnant des informations sur les activités du curé patriote, devenu un personnage fort écouté au sein du groupe des patriotes rassemblés outre-frontière. À ce moment, Papineau est à Paris et sa correspondance est adressée au libraire Hector Bossange, quai Voltaire - rive gauche, sur les bords de la Seine - beau-frère du libraire et patriote montréalais Édouard-Raymond Fabre.

On apprend par cette lettre que Chartier a abandonné la cure qu'on lui avait confiée dans l'État de New-York pour travailler de près et assidûment au sein de l'organisation des patriotes où il est toujours question d'envahir le Bas-Canada. Par les propos de Mme Papineau on apprend quelles sont les préoccupations et les sentiments de curé Chartier :

> Je ne sais s'il (*le Dr O'Callaghan*) t'a écrit la décision et le parti qu'a pris notre ami, M. Chartier. Il est passé ici et m'a dit qu'il laissait sa cure avec le plus grand regret, mais qu'il considérait sa présence très

nécessaire aux frontières, qu'il avait trouvé les gens exaspérés et puis, en réfléchissant qu'il n'y avait en tête de ce comité, qu'ils veulent organiser, que les deux Nelson, qui ne sont toujours pas considérés tout à fait canadiens, puisqu'ils ne le sont pas d'origine, et puis protestants. C'est raisonnable et juste, mais Robert, qui est si déraisonnable sur le compte du clergé, des maisons religieuses, et puis les autres, peu marquants et peu importants sous le rapport de la capacité, et puis aussi peu soucieux des intérêts religieux.

Il dit que, s'ils veulent introduire des clauses imprudentes et trop violentes, il espère avoir un peu d'influence sur eux, puisque ce sont eux qui l'ont pressé, sollicité de venir les joindre. Ils n'ont pas voulu y admettre Côté. Il dit qu'il est bien aise de cela, car il n'a aucun principe d'honneur il peut se servir de tous les moyens pour faire des dupes, mensonges, intrigues et puis il parle d'une manière si violente et inconséquente que, malgré que les autres sont très violents, ils n'en veulent plus en entendre parler. M. Chartier en est satisfait. Il doit être nommé secrétaire et trésorier. Comme il dit: «Au moins, l'on pourra se rendre compte des argents.

J'espère que l'on me croira au moins honnête homme, si l'on ne veut pas me reconnaître bon prêtre, parce que j'aime mon pays et que je veux le servir au moment où il a besoin du secours de tous ses concitoyens en état de le servir, et puis je crois servir la cause de la religion tout aussi bien et mieux que mes pauvres confrères, qui lui ont tant fait de tort en faisant une opposition aussi injuste au peuple et servant par là la cause de leurs persécuteurs. Je m'occupe peu de ce qu'ils vont dire de nouveau sur mon compte. La pureté de mes motifs me suffit et sera, j'espère, connue un jour.

Il dit qu'il pourra influencer aussi maître Duvernay dans son journal, mais j'en doute fort, ou ils se querelleront, car il dit qu'il lui répondra en signant son nom et donnant un démenti formel, s'il veut parler contre le clergé, et même ici, dans les États, il se ferait tort, car les Irlandais et même le peu d'Américains qui y souscriront, n'aimeront pas ces attaques. Ce serait tout à fait impolitique de sa part et cela ne corrigera pas les membres du clergé ; au contraire, cela les irriterait et ferait encore une malheureuse division entre nous, et du tort à notre cause. On doit avoir à cœur de maintenir ses lois, ses droits civils et religieux également intacts, si l'on veut poser une base de société heureuse et durable, autant que peut l'être un état de société, dans ce monde fragile et périssable, où il ne peut y avoir rien de parfait et de constant, mais au contraire sujet à toutes les vicissitudes humaines, et par conséquent périssable.

On apprend par Mme Papineau que les frères Nelson ne font pas l'unanimité, que le Dr Côté, selon Chartier, n'a aucun principe d'honneur, que lui-même Chartier voudrait qu'un jour on arrive à croire en la « pureté de ses motifs » et qu'enfin il ne souhaite rien d'autre qu'une « société heureuse et durable ».

C'est à la suite d'une pressante invitation des chefs patriotes que Papineau était parti pour la France où on l'avait chargé de trouver des appuis et du renfort pour la cause des patriotes du Bas-Canada. Pour différentes raisons cela avait été impossible et devant l'échec de cette mission plusieurs s'interrogeaient sur la loyauté du Grand Chef, surtout après son départ, dans des circonstances obscures, de la vallée du Richelieu en novembre 1837.

C'est dans ce climat de doute que fut rédigée la lettre de Chartier en novembre 1839. Chartier, dans une brève introduction clame d'abord le respect qu'il a pour Papineau : «Je me réjouis, Monsieur, de pouvoir vous parler à cœur ouvert, et vous donner par là la preuve la plus convaincante de l'attachement que j'ai toujours professé pour vous, à peine du sacrifice de ma liberté...»

Par contre, le dernier paragraphe contient presque des menaces et peut être assimilé à une vulgaire forme de chantage :

> Je crois devoir vous prévenir, Monsieur, que cette lettre de ma part n'est pas strictement privée ; qu'elle a plutôt un caractère semi-officiel, puisque je ne l'ai écrite qu'avec l'approbation des principaux réfugiés à qui j'ai eu l'occasion de la communiquer, et que c'est leur désir que j'en laisse une copie aux archives de l'association des réfugiés pour qu'elle puisse servir de preuve en temps et

lieu, auprès de vos partisans et du public en général, que si jamais ceux qui restent fidèles à la cause de la révolution canadienne, se trouvent dans la désagréable, mais impérieuse, nécessité de vous démasquer, ce n'a pas été sans avoir fait auprès de vous toutes leurs instances pour vous faire éviter la perte de cette belle réputation politique dont vous avez, si gratuitement, joui jusqu'à présent.

« On vous reproche », disait la lettre :

- D'avoir amené directement le Gouvernement à commencer l'attaque en novembre 1837, sans avoir songé à vous préparer à la défense.
- Étant attaqué dans le sud, quoique sans vous y attendre, comme vous le prétendez ; si encore vous eussiez montré la détermination qu'on devait attendre de vous et dont votre position vous faisait un si impérieux devoir ; si, sans charger le mousquet, puisque vous n'êtes pas militaire, vous vous fussiez seulement montré pour encourager du geste et de la voix, ou par votre seule présence, le peuple que vos discours avaient peu de semaines auparavant soulevé.
- Si au moins, après avoir mis votre personne en sûreté aux États-Unis, vous vous étiez montré publiquement : vous ne pouvez pas nier que le peuple américain s'est trouvé comme électrisé à la nouvelle de la Révolution du Canada, et que l'enthousiasme était à son comble.

- Lorsque dans les derniers jours de décembre, vous vous rendîtes à Middlebury (incognito, bien entendu) pour faire part à vos co-réfugiés des propositions si raisonnables et si avantageuses des généraux Scoot, Wool et Worth, quelle raison vous a engagé à interrompre les négociations entamées entre vous et eux ?
- Depuis votre entrée aux Etats-Unis jusqu'à votre départ pour la France, tant pendant votre incognito qu'après, vous vous êtes tenu isolé de vos confrères réfugiés, au lieu de vous associer avec eux, de former une organisation pour diriger, conjointement avec eux les intérêts des réfugiés en particulier et du pays en général.

Le curé Chartier est cruel dans ses jugements. Il semble bien convaincu que Papineau a manqué de courage à Saint-Denis et que cette fuite est une « poltronnerie » qui le marquera d'une tache indélébile :

> Mais puisque votre fuite précipitée avait fait manquer le coup, en faisant au moins ce que vous auriez dû faire en arrivant aux États-Unis, en vous remuant en tout sens pour trouver des secours, en mettant à profit le premier élan de la sympathie, alors votre fuite de St-Denis, au lieu d'être une tache peut-être indélébile à votre nom, aurait reçu une interprétation favorable ; elle aurait été crue non occasionnée par la poltronnerie mais le désir de gagner de l'aide à ceux qui ont eu le courage de combattre.

Non seulement, sa fuite dénotait une grande lâcheté de sa part, mais encore elle aurait de graves conséquences tant sur les combattants dans leur intégrité physique que sur l'avenir immédiat du pays:

> Au nom de Dieu, qui vous pressait de vous sauver le premier aux États-Unis même dès le commencement du combat de St-Denis? Ne deviez-vous pas penser qu'en partant vous faisiez tomber les armes des bras du peuple, et que vous livriez le pays à des forcenés qui avaient déjà un prétexte pour mettre tout à feu et à sang? Mais non: ô douleur! Vous n'avez pas seulement essayé de faire de la résistance individuellement. Hélas! Que la nature ne vous a-t-elle donné autant de courage que d'éloquence!

Il avait semblé possible en décembre 1837, du moins l'a-t-on rapporté, que des généraux américains puissent accepter de se joindre à la cause des patriotes. Selon Chartier, Papineau aurait dit non à leur offre pour protéger « ses droits seigneuriaux »:

> Lorsque dans les derniers jours de décembre, vous vous rendîtes à Middlebury (incognito, bien entendu) pour faire part à vos co-réfugiés des propositions si raisonnables et si avantageuses des généraux Scoot, Wool et Worth, quelle raison vous a engagé à interrompre les négociations entamées entre vous et eux? Sur quoi pourrez-vous vous justifier d'avoir rejeté, sur votre seule

responsabilité, leurs propositions dont était saisie et qu'avait acceptées l'assemblée des principaux réfugiés qui étaient, comme vous, et aussi bien que vous, les représentants et les hommes de confiance du peuple ? mais, qui exigeaient de vous préalablement (parce que déjà l'on commençait à vous suspecter) de signer une Déclaration d'Indépendance, dont ils insistaient qu'un des articles principaux fût l'abolition des Droits Seigneuriaux. Jusqu'à présent il n'appert d'aucun autre motif de votre refus que cette malheureuse clause, mais clause populaire, de l'abolition des Droits Seigneuriaux à laquelle vous vous êtes opposé, et l'on devine aisément pourquoi.

Quant au voyage de Papineau en France, selon Chartier, les patriotes - par son intermédiaire - auraient trouvé là un moyen pour se débarrasser du Grand Chef :

... aussi longtemps que vous auriez été avec les réfugiés, en tout mouvement, en toute mesure, en toute entreprise qu'ils auraient voulu tenter sans avoir votre coopération, ils auraient eu, en sus des obstacles naturels, à lutter contre l'influence négative de votre nom. Ne voulant point marcher, vous deveniez un obstacle dans le chemin de la révolution : il aurait fallu vous ruer hors du chemin en vous faisant perdre cette influence, qui est devenue nuisible dès l'instant que vous avez cessé de l'utiliser : par amitié, je vous ai vous conseillé de vous déplacer vous-même. C'était bien mieux pour vous et vous nous épargniez la fâcheuse nécessité de vous démasquer. Ce qui ne serait pas impossible comme je pense que vous devez l'entrevoir à présent.

Après avoir fait remarquer à Papineau que la rébellion ne l'a pas rendu plus pauvre, contrairement à des centaines de Canadiens, Chartier lui rappelle qu'il n'a rien perdu ni de ses biens ni de sa fortune même que, dit-on... «vous avez eu la sage précaution de mettre depuis longtemps vos biens à l'abri de la confiscation».

Pour en avoir le cœur net, Chartier s'embarque donc pour la France en février 1840. Son voyage a un double but: avoir une conversation franche, honnête et amicale avec Papineau et aussi se rendre à Rome plaider sa cause auprès de la tête de l'Église afin de faire renverser la décision de Mgr Lartigue de lui fermer la porte du diocèse de Montréal. La mort de Mgr Lartigue rendra ce voyage à Rome inutile.

Mais que s'est-il donc passé entre Chartier et Papineau lors de ce voyage à Paris. Quelques jours après l'avoir accueilli, Mme Papineau dresse un court bilan de cette visite à l'intention de son fils Amédée alors installé à Saratoga Springs:

M. Chartier est arrivé ici, il y a trois semaines. Il est venu nous voir aussitôt et nous le voyons souvent. C'est vrai qu'il était induit en erreur, même au sujet de ton père, et il a dit franchement qu'il voulait s'enquérir, qu'il était peiné de tout cela. Il est homme à imagination ardente et facile à tromper, mais il est franc et honnête et aime son pays. Il dit qu'il ne croyait qu'en partie ce qu'on lui avait dit sur ton père, mais maintenant il est satisfait et doit écrire à ses amis. Tu penses, avec raison, que ton père ne lui a pas fait grand confiance, seulement relevé des absurdités. Il dit qu'ils allaient jusqu'à dire que ton père était méprisé ici, et il m'a dit qu'il voyait et entendait tout le contraire, depuis même le peu de temps qu'il était à Paris. Car, en effet, ton père est aimé, respecté et apprécié ici, plus même que dans son pays, car, ici, l'on est capable de le juger. Et, tous les jours, l'on voit des personnes distinguées qui cherchent à faire sa connaissance...

Il faut savoir gré à Mme Papineau de confirmer que M. Chartier « est franc et honnête et aime son pays ».

Chartier, selon Mme Papineau, serait donc reparti satisfait de sa visite et rassuré quant à la conduite et à la loyauté de Papineau. Pour sa part, Chartier fait lui aussi rapport de sa visite à Papineau et écrit d'abord à son ami Ludger Duvernay réfugié lui aussi « à la frontière » et qui a fondé un nouveau journal dans l'esprit de la *Minerve* à l'intention des patriotes nombreux autour de lui. Ensuite, six semaines plus tard, il écrit au chef patriote, le Dr Wolfred Nelson. Assez longue, la lettre à Duvernay nous en apprend autant sur Chartier lui-même que sur Papineau.

Mon cher ami (*Ludger Duvernay*)...

Parti de New York le 2 février par un temps très froid, au bout de trois jours nous étions dans une latitude plus au sud jouissant d'une température plus modérée, et avec un assez bon vent qui nous promettait une traversée des plus promptes et des plus agréables. Le 20 nous étions presque arrivés à l'embouchure de la Manche, et trois jours de plus de ce bon vent nous mettaient en sûreté dans le bassin du Havre. Mais qui n'a pas été désappointé quelquefois au moment de toucher au terme de ses désirs? Le 20 dans la nuit une tempête du Sud-Est s'est élevée très violente, nous a obligés de rester à la cape pendant sept jours, la violence du vent et de la mer nous poussant sur les côtes d'Irlande.

Pour éviter d'aller y laisser les débris de notre jolie Louise et de nos chères carcasses, force nous a été de tourner le dos à la France pour éviter l'Irlande et de nous diriger dans le Nord-Ouest. Le vent s'étant calmé et fixé à l'Est le 27 février nous nous trouvions deux cents lieues plus en arrière que le 20. Pendant cette tempête, qui était mon coup d'essai, je puis me vanter d'avoir conservé la même égalité d'âme, et je n'ai pas eu la moindre envie d'être malade. Mon capitaine était un bon marin qui ne s'est pas trompé d'une lieue sur toute la route qu'a suivie son bâtiment. Après le 27 le vent se trouvant tout à fait debout, nous avons été condamnés à louvoyer jusqu'au 10 de mars, où s'étant tourné au nord à peu près, nous avons pu mettre pied à terre au Havre dimanche matin le 15 après 41 jours de navigation.

Je suis resté au Havre jusqu'au mardi suivant à 5 heures de l'après-midi, d'abord pour faire laver mon linge, secondement pour lire les journaux anglais. Hélas! que nous occupons une bien petite place dans la pensée de notre Reine, si nous en jugeons par la brièveté de ses paroles dans son discours d'ouverture. J'aurais écrit du Havre si quelque paquebot se fût adonné à partir pendant que j'y étais. Je suis donc arrivé dans la fameuse capitale de la France mercredi le 18 à dix heures du matin. Dix-sept heures de marche pour 54 lieues il n'y a pas à se plaindre des diligences de France, et j'ai payé 20 francs dans la rotonde qui contient quatre places sur le derrière de la voiture.

Je me suis rendu immédiatement chez Mr Lecocq, rue St-Martin, à l'adresse du jeune Lévesque qui se trouvait depuis deux mois à Bolbec en Normandie chez un parent de son père. J'ai su depuis que le Dr Duchesnois était alors absent de Paris et le Dr Gauvin reparti pour l'Amérique: et comme je ne voulais point voir Mr. Papineau avant d'avoir pris quelque information de quelqu'un de nos compatriotes de Paris, j'écrivis aussitôt au jeune Lévesque pour le prier de venir me joindre à Paris; et samedi matin le 21 il était dans ma chambre à causer avec moi.

Pendant les trois jours que je suis resté seul, je me suis occupé d'une affaire très importante pour moi, et qui une fois entamée m'a tenu constamment occupé jusqu'à samedi le 28, et dont je vous parlerai à la première occasion. Je n'ai pu alors préparer pour le paquebot du 1er avril que deux lettres, encore plus pressées que celle-ci ; l'une à New-York et l'autre au Dr Consigny à Swanton, qui m'avait envoyé à Paris le *North American* du 5 février où l'on ne me ménage guère, comme vous voyez.

Je ne sais comment l'on a cru pouvoir publier contre moi des extraits d'une lettre qui ne cesse pas d'être ma propriété quoi que j'aie bien voulu permettre à Mr Prévost d'en prendre une copie pour servir en temps et lieu contre M. Papineau si, après l'avoir reçue, il n'y répondait pas d'une manière satisfaisante ou négligeait d'y répondre du tout ; d'en publier, dis-je, de nombreux extraits (avant que M. P. l'ait reçue et ait pu y répondre), comme contenant une désapprobation absolue et décidée de ma part de la conduite de M. Papineau, tandis que le fait même de cette lettre et sa teneur font voir évidemment quelle ne comporte pas un jugement final sur lui, tout au plus que des accusations et des soupçons de ma part, auxquels je n'ajoutais pas encore une foi entière puisque je dis que j'attends sa réponse et ses explications avant de former une opinion décidée.

Vous concevez, mon cher Monsieur, que je ne puis guère laisser cette sortie sans réplique ; d'autant plus que j'ai déjà une quasi-certitude que la plupart des reproches de ma lettre à M. Papineau sont mal fondés, parce qu'ils ne sont appuyés que sur les rapports erronés que j'ai reçus et qu'il est de l'intérêt général de voir enfin vérifiés et éclaircis. Ma mission est à peine commencée ; cependant je puis dire qu'il s'en faut de beaucoup que M. Papineau soit resté aussi oisif en France qu'on le croit généralement aux États-Unis : sa grande faute, et son plus grand dommage pour lui-même est de n'avoir pas assez fait connaître à assez de monde ce qu'il y faisait. M. P., comme nous avons su, a été bien accueilli à son arrivée, principalement par Mr. Lafitte qui est un des premiers chefs du parti républicain ; mais la malheureuse tentative d'insurrection du 12 mai dernier a consolidé le pouvoir de Louis-Philippe et presque ruiné l'influence républicaine qui seule pouvait être utile aux Canadiens.

Aussitôt que M. P. a su que Colborne était rappelé en Angleterre il s'est mis en devoir de l'attaquer et s'est entendu avec M. Rœbuck pour le poursuivre criminellement pour meurtre au Banc de la Reine. Il s'est occupé à préparer à envoyer à M. Rœbuck tous les papiers et documents nécessaires pour cette poursuite dans laquelle le jeune Lévesque, qui a bien aidé M. P., et un des frères de l'infortuné Hindelang devaient se porter comme partie-civile pour des dommages et intérêts, l'un pour son emprisonnement prolongé et sa condamnation à mort, et l'autre pour le meurtre de son malheureux frère, disposé néanmoins à consacrer à la cause canadienne les dommages qu'il pourrait obtenir. Les ministres se sont doutés ou ont eu vent de la chose ; c'est pourquoi ils ont avisé la Reine d'appeler maître Colborne à la Pairie aussitôt après son arrivée, afin qu'il ne put être poursuivi que devant la Chambre des Pairs, c'est-à-dire, afin de le soustraire à la justice. (M. Rœbuek s'est désisté de cette poursuite).

Car après les compliments qu'il a reçus à la Cour et dans les deux Chambres, il ne restait plus évidemment la moindre chance de l'amener à conviction devant la Chambre des Pairs. Mais on dira : faire résonner aux oreilles des Pairs, exposer à la face de l'Angleterre entière les méfaits de ce monstre, ne serait-ce pas beaucoup ? Oui sans doute : mais cette poursuite ne se ferait pas sans quelques déboursés. Or ni M. Rœbuck, ni M. Papineau, ni le jeune Lévesque ne sont en état de faire face à ces dépenses ; et les frères d'Hindelang, quoique assez à l'aise, ne sont pas d'humeur à faire seuls un sacrifice d'argent, pour notre intérêt politique seulement puisqu'ils ne leur reste plus aucune chance de réussir contre Colborne.

Il s'en faut de beaucoup encore que M. Papineau soit « universellement méprisé » à Paris, comme on le répète sur la frontière. La première fois que j'allai chez lui (dimanche 22) je trouvai une nombreuse compagnie d'hommes de l'opposition, parmi lesquels se trouvait M. Guillemot ; et un des premiers libraires de Paris M. Gaume qui, demeurant dans le même quartier, vint de lui-même, sans introducteur, faire visite de voisinage à M. Pap., attiré par sa grande réputation seule, « ne pouvant résister plus longtemps au désir de faire sa connaissance, etc. », et écrivit à M. et Mme Pap. de venir le voir « pour se distraire des ennuis qu'ils doivent éprouver dans un pays étranger, etc. » Mr P. est bien vu de la famille du grand Lafayette, qui lui ont présenté une copie des mémoires du général avec une lettre très gracieuse. Avant hier il dînait je ne me rappelle plus chez quel haut personnage qui désirait lui faire faire la connaissance du général Baudin nouvellement arrivé de Vera-Cruz. Dans l'hôtel où je loge, fréquenté par la classe marchande qui lit les papiers, tous ne m'ont parlé de M. P. qu'avec des termes d'estime et de respect.

M. Papineau est venu me rendre ma visite à mon hôtel deux ou trois jours après la mienne. J'ai profité de cette occasion pour lui parler de tous les mécontentements qui existent contre lui, de toutes les accusations que l'on porte à sa charge. Je ne lui ai pas dissimulé qu'on en était venu jusqu'à douter s'il n'avait pas fait sa paix avec le gouvernement anglais, si même il n'avait pas reçu les £5000 des arrérages de sa paye, si il n'avait pas entièrement abandonné la cause de son pays, etc.; que c'était pour savoir tout cela de lui que j'avais été envoyé par les plus sincères patriotes afin qu'ils sussent à quoi s'en tenir sur son compte. En un mot je n'ai rien oublié qui pût lui faire juger combien il était déchu de sa popularité, et comme il venait de m'avouer qu'il était persuadé que le Canada ne pouvait pas être dix ans encore sous le joug de la Grande-Bretagne, je profitai de cet aveu pour lui faire sentir la nécessité pour lui de travailler à laver sa réputation, s'il voulait se remettre en état d'être utile à son pays, puisqu'il m'exprimait sa détermination de continuer à le servir, etc.

Bref, nous convînmes que je dresserais un catalogue de toutes les plaintes et accusations portées contre lui, qu'il me donnerait ses réponses que je prendrais en notes, et que du tout je dresserais un rapport que j'enverrais à ceux qui ont bien voulu m'honorer de leur confiance. Voici les propres paroles de M. Pap. : « Mr. Chartier, je serai toujours prêt à vous donner toutes les explications que vous désirerez avoir sur ma conduite, et vous ferez de mes réponses l'usage que vous jugerez le plus convenable, etc. » M. P. ayant déménagé la semaine dernière pour changer de quartier en considération de l'éducation de sa jeune famille, et pour raisons d'économie, je n'ai pu, jusqu'à présent, commencer une espèce d'enquête que je réserve pour cette semaine.

Comme déjà j'entrevois que le compte que me rendra M. Pap. sur certaines transactions sera différent de certains rapports écrits que j'ai lus, je serai dans la nécessité d'avoir le témoignage de tierces personnes, afin de constater si c'est au rapport de Mr. Papineau qu'on doit ajouter foi ou à celui de ses opposants. Je suis décidé plus que jamais à n'épargner aucun soin ni aucune peine pour parvenir à découvrir la vérité que nous sommes tous si intéressés de savoir. Je sens toute l'importance et la délicatesse de ma mission, et surtout combien il importe à ma réputation, et même à l'intérêt du pays que je sois strictement impartial.

Nous ne pouvons rien espérer de la France dans le moment actuel : je vous en détaillerai les raisons plus au long dans ma prochaine ; cependant l'avenir n'est pas sans espoir.

Vous saurez avant que ma lettre vous parvienne que l'Union des deux provinces a été présentée par Lord Russell dans la Chambre des Communes.

Sûrement qu'au Canada on saura apprécier à sa juste valeur l'affreuse duplicité de L. Russell, en même temps qu'il sera rempli de reconnaissance pour M. Hume pour sa défense généreuse et constante de notre honneur et de nos droits. Je ne sais si vous avez vu ou verrez sur les papiers qu'il a suggéré à L. Russell la convenance pour le gouvernement de Sa Majesté d'accompagner le Bill d'Union d'une amnistie générale tant pour les déportés que pour les réfugiés et que L. R. aurait répondu que sa suggestion (de M. Hume) serait prise en considération.

Mon papier m'avertit de terminer. Communiquez ma lettre, s'il vous plaît, avec mes meilleurs amitiés, aux zélés patriotes de Burlington.

Papineau voit sa réputation blanchie et Chartier retrouve sa confiance dans le « grand homme». La lettre à Wolfred Nelson ne partira que le 20 mai. Aux yeux de Chartier elle est sans doute moins importante et surtout moins urgente que la lettre à Duvernay.

Une question trouble encore le curé Chartier: pourquoi et dans quelles circonstances Papineau a-t-il quitté le combat dans le Richelieu. Il supplie presque Nelson de le rassurer:

J'ai toujours été sous l'impression (et malheureusement bien d'autres avec moi) que M. Papineau s'était enfui de Saint-Denis lâchement et presque furtivement, j'ai appris de M. Papineau lui-même que ce n'a été qu'à votre sollicitation pressante qu'il est parti de Saint-Denis. Dans ce cas là son départ de Saint-Denis prend une couleur toute autre que celle que ses détracteurs lui donnent. Le pays est intéressé à connaître la vérité au sujet de ses chefs, surtout dans un temps où il paraîtrait que sa perte n'est pas encore consommée, et que le présent nous apporte encore des consolations, de l'espérance pour l'avenir.

J'ose donc vous prier, Monsieur, de vouloir bien m'écrire comment s'est fait le départ de M. Papineau de Saint-Denis, avec tous ses détails et ses circonstances, et les différentes représentations que vous lui avez faites alors pour motiver son départ ; me proposant de me servir de votre témoignage, pour en détromper d'autres qui comme moi ont été les dupes de rapports mensongers.

Il y a dans cette affaire-là quelque chose dont je ne puis pas bien me rendre compte. Vous savez, mon cher Monsieur, que ce n'est pas par une vaine curiosité personnelle que je désire savoir ces circonstances ; mais pour faire triompher la vérité, et l'innocence, si elle est injustement calomniée.

Jamais ne viendra une réponse claire à cette troublante question. C'est dans cette même lettre de Chartier à Nelson que nous apprenons qu'encore une fois les Sulpiciens se sont mis en travers du chemin du curé Chartier qui espérait bien, durant son séjour à Paris, pouvoir s'adonner - n'est-il pas toujours prêtre - à un certain ministère paroissial :

Quant à moi les intrigues des Sulpiciens ont réussi à m'empêcher d'obtenir des administrateurs du diocèse de Paris, pendant la vacance du Siège (*Mgr Lartigue venant de mourir*), de l'emploi dans le ministère ecclésiastique.

Une dernière lettre de Mme Papineau à son fils Amédée, en date du 26 juin 1840, fait le point sur le voyage du curé Chartier en France et nous renseigne sur son avenir :

M. Chartier est reparti hier, il s'embarque sur un vaisseau marchand pour New York et, de là, il va à sa mission de Vincennes. Il était venu ici en partie pour savoir ce que faisait ton père, car il avait reçu de l'argent des Canadiens aux États pour cet effet. Mais le principal but de son voyage était de se faire rendre justice contre son évêque et, en cela, je crois qu'il n'avait pas réussi ; et enfin l'arrivée de la nouvelle de sa mort a mis fin à ses tentatives. Et il se décide à aller rejoindre son évêque de Vincennes [Indiana] qui lui a dit qu'à son retour d'Europe il l'emploierait. Il est bon chrétien et bon patriote ; il a fait une retraite ici et il est décidé à ne retourner en Canada que quand il y aura un changement.

Parmi tous les postes qu'il occupa aux États-Unis, celui de directeur du grand séminaire de Vincennes, en 1843, fut de loin le plus prestigieux. Mais là aussi il ne fit que passer. Poursuivant sa méditation sur le sort des communautés nationales, il se rend en Louisiane où les autorités ecclésiastiques lui confient la paroisse des Avoyelles. Devant les injustices flagrantes et le mauvais sort dont sont victimes les noirs et la minorité française, il sent de nouveau la colère monter en lui.

Toujours porté par le même idéal patriotique, le curé Chartier ne désespérait pas. D'outre frontière où il avait établi en quelque sorte ses quartiers généraux, il effectuait parfois quelques visites - stratégiques ou encore de simple reconnaissance - en terre canadienne afin d'y évaluer la vigueur du mouvement patriote, du moins ce qu'il en restait. Il avait gardé bon espoir qu'un jour quelques chefs surgiraient et reprendraient le flambeau, à moins qu'une nouvelle tentative d'invasion du Bas-Canada en provenance des États-Unis ne précipite les événements.

Nous avons une preuve manifeste de la détermination du curé Chartier, ou de ses illusions, dans cette lettre qu'il adressa au curé Théberge, de Saint-Valentin, dont voici quelques extraits. C'était un mois avant son départ pour Paris et sa visite à Papineau:

West-Troy, 10 janvier 1840 - Je suis tenace dans nos affaires politiques, j'ai été puni par le Gouvernement civil, et par le Gouvernement ecclésiastique (...) la punition a eu un effet contraire à celui qu'on attendait et m'a réellement mis dans une position à être [...] un des premiers chefs. Je suis décidé à user de l'influence que les circonstances m'ont données et que je n'ai point recherchées; mais Dieu m'est témoin que je ne désire en user que pour l'intérêt du catholicisme en Canada et pour empêcher le plus de mal que je pourrai et donner la meilleure direction possible à nos affaires.

J'ai été persécuté pour n'avoir pas adopté le parti de la majorité du clergé, mais je crois que le temps n'est pas loin (si déjà il n'est pas arrivé) où le clergé du Bas-Canada se mordra les pouces de la conduite déshonorante et scandaleuse pour les ennemis du catholicisme, qu'il a tenu dans les derniers événements, et cela d'après une interprétation fausse des écrits de saint Paul et de saint Pierre, démentie par les Papes, des Universitaires de théologie et l'Épiscopat et d'autres nations, et autres en donnant à l'Encyclique du Pape actuel, un sens et une force qu'elle n'a pas et lui faisant dire ce qu'elle ne dit pas.

Je ne vous demande pas de me dire si dans votre opinion le mécontentement des Canadiens catholiques contre leur clergé à cause du parti politique qu'il a embrassé en faveur du Gouvernement n'est pas la principale cause de cette défection parmi les catholiques. Mais si vous jugez à propos d'insérer cette opinion-là dans votre certificat, la chose pourrait être avantageuse. Un tel certificat, si vous avez la complaisance de me l'envoyer me sera utile et je vous garantis que l'usage que je pourrai en faire tournera au profit de la religion et du clergé.

Mon cher Monsieur, notre avenir est sérieux; il exige de la prudence et des efforts de la part de tous les honnêtes gens. Je crois la Révolution nécessaire aujourd'hui, car si elle ne se faisait pas, nos institutions sont menacées d'une destruction certaine. Le clergé craint cette même destruction de la part des Patriotes, mais le clergé calomnie la masse de ses citoyens; et je maintiens encore qu'il est faux que les Patriotes aient jamais visé à la destruction de la religion et de l'établissement catholique en Canada, à l'exception de deux ou trois écervelés aujourd'hui tombés dans le mépris des autres Patriotes.

La position du curé Chartier est nette et ses opinions bien arrêtées. Il est maintenant l'un des chefs et l'Église a eu tort de ne pas supporter l'action des Patriotes. Il s'interroge même sur la possibilité que la désaffection des catholiques pour leur religion soit le résultat de l'hostilité de l'Église à l'encontre des Patriotes. Enfin, il croit la Révolution nécessaire. Sa visite à Papineau va considérablement et rapidement calmer ses ardeurs.

VI

LE RÊVE BRISÉ

L'inimaginable condition du retour au pays
Les évêques ont gagné

La modération dont fit preuve le curé Chartier dans ses lettres à Duvernay et à Nelson en avril et mai 1840 sont révélatrices de l'influence que Papineau dut avoir sur lui. Il a été envoûté par le chef! Papineau fit comprendre à l'ancien curé de Saint-Benoît qu'il n'y avait rien à attendre ni des États-Unis ni de la France. En ce cas, continuer la lutte serait téméraire et suicidaire. Le 9 décembre 1933, dans la *Patrie,* Ægidius Fauteux écrivait «le charme était rompu et la saine raison reprenait enfin le dessus». Jugement implacable mais inévitable. Chartier n'a pas fustigé Papineau, c'est Papineau qui lui a ouvert les yeux.

Il débarque à New-York à la fin du mois d'août 1840. Son vieil ami, Mgr Célestin de la Hailandière, évêque de Vincennes (Indiana) lui confie la cure de Madison, avant de le nommer directeur du grand séminaire.

Tant d'échecs, de trahisons et de déceptions ont fait mal à ce patriote sincère et à ce prêtre dévoué. Il prend une grave décision que de nombreux amis lui reprocheront longtemps : il va demander pardon à Mgr Bourget dans l'espoir de pouvoir rentrer au Canada et reprendre ses fonctions de curé dans l'une ou l'autre des paroisses du diocèse de Montréal. Mais les réactions à sa lettre publiée d'abord par la *Gazette de Québec* et ensuite par le *Canadien,* mais refusée par les *Mélanges religieux,* ont été si vives et souvent si nettement réprobatrices que Mgr Bourget a demandé au curé repenti d'attendre avant de rentrer au pays. Il fallait laisser le temps à la colère des uns et à la déception des autres de s'apaiser.

Sa courte incursion en Louisiane lui avait aussi fait perdre ses dernières illusions sur la capacité de la république voisine à protéger les droits des populations. Comment avait-il pu rêver, avec bien d'autres, à une annexion du Bas-Canada avec les États-Unis ? Non, il devait revenir chez lui.

C'est à certaines conditions précises que Mgr Bourget est prêt à accepter de faire casser la sentence prononcée jadis par Mgr Lartigue contre lui. Dans le Recueil des Archives de la paroisse de Saint-Benoît, on retrouve une lettre de Mgr Bourget à l'abbé Chartier, en date du 15 décembre 1841. On apprend, par cette lettre, que :

> À titre de réparation de sa conduite pendant les troubles politiques de 1837, il lui propose de rédiger un formulaire par lequel il affirmera son adhésion au mandement du 24 octobre 1837, en reconnaissant que les peuples n'ont pas le droit de se révolter contre leurs gouvernements et en réprouvant ses discours et ses exemples pendant l'insurrection. Il est d'avis que cette rétractation ne se fasse pas par la voie des journaux, mais dans la chaire des paroisses de Saint-Benoît, Saint-Eustache, Saint-Hermas, etc., où ces faits sont connus. Il lèvera pour Montréal la censure qui lui interdit toute fonction sacrée, mais il lui conseille de rester agrégé au diocèse de Vincennes où il fera plus de bien qu'à Québec même, «sous M. Patrick McMahon, comme vous paraissez le désirer».

Sachant que des excuses publiques étaient inévitables, l'abbé Chartier avait pris l'initiative d'adresser sa lettre de repentir aux journaux avant même que Mgr Bourget, le principal intéressé, lui ait fait part de ses souhaits quant à la façon de faire. Encore une fois Chartier est allé un peu vite, en raison d'une trop grand bonne volonté peut-être.

Pour éviter toute grave méprise avec l'évêque de Montréal, l'abbé Chartier lui adresse, le 19 décembre, une lettre dans laquelle il lui dit regretter de lui avoir déplu, en lui expliquant que son intention était d'adresser «aux paroisses où ces faits étaient connus» une lettre différente de celle qu'il avait fait parvenir aux journaux. Il le faisait, disait-il, par respect pour les fidèles et les paroissiens. Il n'en demeure pas moins que s'il avait attendu l'avis de Mgr Bourget, sa lettre n'aurait pas fait le tour du pays et il aurait assurément conservé quelques amis de plus, du moins pour un certain temps. C'est en ces termes que l'abbé Chartier s'adresse à Mgr Bourget pour expliquer à la fois sa hâte et sa bourde :

> Monseigneur... Je suis chagrin que les choses soient arrivées au moment que Votre Grandeur ne le désirait : j'ai cru faire mieux en donnant la plus grande importance possible à ma rétractation, à qui je n'ai donné évidemment la forme qu'elle a que parce que je la destinais au public. Il y a bien des réflexions sans doute que j'y aurais omises si elle eut dû n'être lue que de Votre Grandeur. Au moins, Monseigneur, soyez persuadé que je ne me suis point décidé à cette publication sans l'avis et l'agrément de Mgr de Sydime. Nous avons vu, Mgr le Coadjuteur et moi, que la *Gazette de Québec* ne vous était point encore parvenue le 16 lorsque vous me fîtes l'honneur de m'adresser vos instructions.

> Ce contretemps me met aujourd'hui dans l'embarras. Je ne puis savoir si Votre Grandeur, dans le cas qu'elle eût su que ma lettre était déjà devenue publique, aurait exigé que j'adresse une autre rétractation à mes paroissiens de St-Benoît, de St-Hermas et aux paroisses voisines dans la forme

que Votre Grandeur me suggère par la lettre du 16. J'ai consulté Monseigneur Turgeon là-dessus, qui est d'opinion que je vous écrive de nouveau pour vous demander de nouvelles instructions à présent que Votre Grandeur sait que ma lettre était déjà publiée avant qu'elle vous fût parvenue, pensant que cet incident imprévu de votre part pourra probablement changer vos déterminations. Sans cet avis de Mgr Turgeon, j'aurais écrit à mes paroissiens une rétractation, telle que vous la désirez pour être lue en chaire. Si Votre Grandeur trouve que ma lettre n'est pas assez explicite, ou que sa publication dans les papiers n'est pas suffisante pour réparer le scandale dans les paroisses que j'ai pu scandaliser, je suis prêt à faire tout ce que Votre Grandeur exigera pour mériter d'obtenir la permission de célébrer dans cette paroisse.

La lettre que je me proposais d'adresser à mes paroissiens par la voie des papiers publics, et que j'ai déjà annoncée, était pour les exhorter à abandonner toute idée d'indépendance pour l'avenir, et à se résigner à vivre paisiblement dans l'ordre des choses actuelles, en leur exposant quelques considérations à cet effet. Dans cette lettre je me proposais de leur dire ce que j'aurais dû leur dire en 1837. Mais je dois avouer que la couleur de cette lettre aurait été plus politique que religieuse, et que je croyais avoir suffisamment traité la partie dogmatique sous ma première. Si Votre Grandeur pense qu'une lettre de cette espèce à mes paroissiens doive causer plus de mal que de bien en paraissant sur les papiers publics, je m'abstiendrai de la publier. En un mot, suivant l'avis de l'évêque de Sydime, j'attendrai que Votre Grandeur me dicte, dans les circonstances actuelles, ce que j'ai encore à faire.

Monseigneur, je vais commencer une retraite demain pour me préparer à célébrer la fête de Noël, qui est aussi le jour où je me consacrerai à Dieu sous l'État ecclésiastique, la fête de St Étienne, qui est ma fête patronale et le jour de mon baptême, et enfin le 28 qui est le jour de mon ordination à la prêtrise. Cette retraite en même temps est aussi de consulter Dieu, si je dois ou non aller reprendre ses dures et dangereuses missions de l'Indiana. Comme je sais, Monseigneur, que l'Évêque de Québec croirait manquer aux bienséances qu'il doit observer envers vous si il m'admettait à la célébration de la Ste Messe avant qu'il soit informé par Votre Grandeur que vous-même me donneriez une semblable permission si je me trouvais actuellement dans votre diocèse ; je vous prie instamment de faire en sorte que votre bon plaisir soit signifié à Mgr de Québec pour le jour de Noël.

C'est un nouvel abbé Chartier que nous révèle cette lettre. Soumis à son évêque, il consent à se plier à toutes les conditions qu'on lui imposera en échange de la levée de la malheureuse sentence de Mgr Lartigue. Son vœu le plus cher pour le moment : avoir la permission de « célébrer la fête de Noël ». Il le mérite bien.

On trouvera dans la seconde partie de cet ouvrage le texte intégral de cette lettre qui, avec l'allocution prononcée au collège de Sainte-Anne (septembre 1829) et la lettre réquisitoire à Papineau (novembre 1839) correspondent à des moments repères dans la vie et l'histoire du curé Étienne Chartier.

C'est sans doute le cœur serré et peut-être bien malgré lui que Chartier a été contraint d'écrire cette confession. Après tout, n'était-ce pas là la condition à laquelle il devait se soumettre pour revenir dans son pays et y finir ses jours? Il écrit donc:

- Sans admettre la vérité de tous les bruits qui ont circulé sur mon compte lors des troubles de 1837, je dois reconnaître que ma conduite, dans les circonstances, n'a pas été celle d'un prêtre...

- Je reconnais aujourd'hui, avec regret, que je me suis laissé aveugler par les passions politiques du temps...

- Je dois cette juste réparation, et c'est avec un plaisir indicible que je la fais, à l'heureuse mémoire de ce Grand Évêque, digne d'être la première souche de l'épiscopat montréalais...

- J'ai donc eu tort, je suis donc infiniment blâmable de n'avoir pas suivi la marche qui me fut dictée par la conscience et la prudence de mes supérieurs...

- Pour conclusion, je désavoue pleinement et entièrement le passé; je rétracte, sans restriction, tout ce que j'ai pu dire ou faire à l'appui des mouvements de 1837...

Si cette rétractation réjouissait le cœur de Mgr Bourget, rien ne prouve qu'elle ne troublerait pas pour de nombreuses années l'âme de son signataire.

Une telle volte-face de la part du curé Chartier a provoqué de nombreuses réactions. Si le curé Paquin a ironisé à la lecture de ce texte, le *Canadien,* de son vieil ami Étienne Parent, s'en est dissocié et Papineau, pour sa part, a très sévèrement blâmé son auteur, parlant d'inconséquence, d'ignominie et de bassesse. Ces reproches d'ailleurs étaient dirigés tout autant contre l'Église que contre le curé Chartier lui-même.

Le *Canadien* insérait donc dans son édition du 15 décembre 1841 une courte note intitulée «Commentaire sur la lettre de rétractation du curé Chartier parue dans la *Gazette* d'hier:

M. l'abbé Chartier, ci-devant curé de St-Benoît, et qui depuis 1838 a exercé son ministère aux États-Unis, à l'exception du temps qu'il a pris pour faire un voyage en Europe, est arrivé depuis quelque temps en ce pays, où il n'a nullement été inquiété par les autorités civiles. D'après une longue lettre de lui à Mgr l'évêque de Montréal, qui a paru dans la *Gazette de Québec* d'hier, il paraîtrait qu'il est en négociation avec les autorités ecclésiastiques pour faire lever la suspension dont une sentence ecclésiastique l'avait frappé à la suite des événements politiques de 1837, dans le district de Montréal.

Nous avons blâmé les événements insurrectionnels de 1837; nous nous sommes en le faisant attiré l'animadversion d'un grand nombre de nos amis politiques; c'est donc avec bien du plaisir que nous voyons un des plus distingués parmi ceux de nos amis, reconnaître que nous n'avions pas tort de nous élever contre la marche pernicieuse où l'on entraînait le peuple; mais certes nous l'aurions bien dispensé de nous prêcher la doctrine de l'obéissance passive... Nous ne faisons ces remarques que pour repousser toute solidarité dans les doctrines de la lettre de l'abbé Chartier...

On retiendra surtout de ce commentaire que son auteur parle du curé Chartier comme « un des plus distingués parmi ceux de nos amis ». On fait allusion à des négociations entre l'évêque et le curé. On ne peut donc pas parler de confession libre et spontanée. Selon le *Canadien* il était quand même légitime, en 1837, d'aller au-delà de la simple et inefficace résistance passive, que semble aujourd'hui prôner rétroactivement Chartier.

Dans son *Journal d'un fils de la Liberté*, Amédée Papineau, fils de Louis-Joseph, se plaît à rapporter les paroles de quelques-uns des anciens paroissiens du curé qui déclarent ne point vouloir donner suite à sa lettre ou y répliquer sous prétexte «qu'on ne raisonne pas avec la folie». En date du 4 janvier 1842, quelques semaines après la diffusion de la désormais célèbre rétractation, Amédée Papineau se déchaîne:

> M. l'abbé Étienne Chartier, d'illustre mémoire, l'un des réfugiés et des proscrits de 1837, le seul prêtre canadien qui se déclara noblement et ouvertement un des amis des droits de l'homme (...) désireux qu'il est aujourd'hui de demeurer au Canada et d'y faire sa paix avec les autorités civiles et religieuses, vient de s'y couvrir de honte par la plus indigne confession et apostasie publique (...) Si cet homme s'était contenté de dire que, comme prêtre, il n'aurait jamais dû se mêler de politique, je ne le blâmerais pas, mais lorsqu'il passe ces bornes et devient un lâche apostat, affectant de jeter du ridicule sur le principe de la souveraineté du peuple, je le déclare un ignorant, un sot ou un coquin.

Amédée a peu de mémoire et l'insulte facile. Il oublie qu'il y a des milliers de Canadiens qui, un jour de novembre 1837, ont pensé qu'un dénommé Louis-Joseph Papineau - l'idole de tout un peuple - a peut-être connu lui aussi un moment de faiblesse, confinant à la lâcheté. On ne saura jamais. Et n'est-ce pas Papineau qui a entraîné Chartier dans ce tourbillon insurrectionnel? Il fut pourtant le premier à s'en retirer et à vivre dans une douce quiétude, malgré tout, alors que le curé Chartier n'a connu que l'errance.

* * * *

À la fin de 1845, près de 10 ans après son départ du Bas-Canada, l'abbé Étienne Chartier retrouvait sa terre. Ne pouvant se satisfaire de la simple besogne d'un traditionnel curé de campagne, il veut encore lutter. En politique, il suit timidement Louis-Hyppolite La Fontaine et avec la bienveillante autorisation de son évêque, il se fait l'apôtre de l'anti-protestantisme dans la vallée du Richelieu.

Il sera encore une fois déçu du comportement de ses amis en qui il avait mis sa confiance. Quand fut publiée, à son insu et dans le but de contrer un retour possible de Papineau sur la scène politique, la fameuse lettre de novembre 1839, il perdit ses dernières illusions. On lui reprocha amèrement cette trahison dont il était davantage la victime que l'auteur. À compter de ce jour, il se consacra dorénavant à sa seule tâche de pasteur des âmes.

Curé de la paroisse de Mont-Saint-Grégoire puis de Sainte-Philomène (Mercier), il demanda à partir pour l'Acadie. Il se voyait déjà à Arichat quand le nouvel évêque du diocèse supprima le poste qui lui avait été assigné. Ce n'était pas là la première fois qu'un évêque venait mettre un frein à son enthousiasme.

Réintégré dans son diocèse d'origine, il accepta la cure de Saint-Gilles-de-Lotbinière. Décédé le 6 juillet 1853 à l'Hôpital Général de Québec, il sera inhumé dans le petit cimetière paroissial de Saint-Gilles et ses funérailles eurent lieu dans une triste et regrettable indifférence. Il avait pourtant donné sa vie à ses compatriotes et à ses paroissiens.

* * * *

DISCOURS PRONONCÉ PAR L'ABBÉ CHARTIER LORS DE L'INAUGURATION DU COLLÈGE DE SAINTE-ANNE

Le 23 septembre 1829

Si j'éprouve en ce moment quelque regret, c'est de n'avoir pas un discours digne de la solennité du jour, de l'illustre auditoire qui m'environne, et surtout capable de célébrer convenablement le zèle des citoyens de cette paroisse. Obligé de suppléer à un autre orateur, il n'a pas été laissé à mes faibles talents un loisir suffisant pour préparer quelque chose digne de la circonstance. Cependant, c'est le cœur qui doit parler en ce moment, et le cœur qui sait sentir est toujours assez éloquent.

Heureux habitants de Sainte-Anne! Oui, heureux! comme quiconque est venu à bout d'un grand dessein: aujourd'hui une entreprise, qui fera à jamais la gloire de votre paroisse, est heureusement terminée, et vous pouvez jouir avec orgueil du fruit de vos travaux, de votre zèle et de vos sacrifices. Il y a deux ans, on ne voyait que quelques humbles végétaux là où l'on voit s'élever aujourd'hui une magnifique maison consacrée à la noble fin de l'éducation de la jeunesse. Qui vous eût dit, il y a deux ans, qu'aujourd'hui se ferait dans votre paroisse, la bénédiction et l'espèce de dédicace d'un aussi magnifique collège, vous n'eussiez pu le croire, la chose vous eût paru impossible, et cependant cette chose impossible vous l'avez exécutée et vous y mettez aujourd'hui la dernière main.

Vous ignorez peut-être ce qu'a dit quelqu'un : «que la volonté de l'homme est toute-puissante», quand elle est fortement prononcée ; qu'aucun obstacle ne résiste, que nulle entreprise n'est au-dessus des forces d'un homme de cœur, surtout quand la religion est le motif et le but de ses travaux.

Jouissez, citoyens de Sainte-Anne, jouissez de votre ouvrage ; que tous les étrangers, qui ont contribué à une si heureuse entreprise, jouissent avec vous de leurs généreux dons ; le Collège de Sainte-Anne est achevé ; aujourd'hui s'en fait la bénédiction solennelle. Quelle joie et quelle gloire en même temps pour votre paroisse, de voir le second dignitaire de l'Église du Canada, s'arracher à ses nombreuses occupations, entreprendre un voyage tout exprès pour venir faire lui-même cette religieuse cérémonie, vous honorer de sa présence, applaudir à votre zèle et prendre possession, au nom du vénérable évêque de Québec, que les fatigues seules ont empêché de se transporter ici, malgré son désir ouvertement exprimé, venir prendre possession, dis-je, d'un établissement qui entre naturellement sous la juridiction des chefs de l'Église.

Vous remarquez aussi avec plaisir un nombreux clergé de ce district, et quelques autres amis de l'éducation mêlés parmi vous, venant augmenter par leur présence la solennité de ce jour ; vous pouvez remarquer sur leurs visages satisfaits l'approbation qu'ils donnent à une entreprise qui doit faire rejaillir de si grands avantages sur cette partie du district en particulier, et contribuer si éminemment au bien de la religion et de la patrie.

Oui, tout bon citoyen, et tout bon catholique doit se réjouir de l'érection de cette maison, parce que tout bon citoyen doit se réjouir de voir se multiplier les moyens de répandre l'éducation dans le Canada, et tout bon catholique doit désirer les voir toujours entre les mains des ecclésiastiques.

Que tout bon citoyen doive se réjouir de voir se multiplier les moyens de répandre l'éducation dans le Canada, il faudrait, pour en douter, oublier par distraction quels sont les avantages de l'éducation en général, et quel en est le besoin pour le Canada en particulier. À présent que le nombre des personnes instruites se multiplie, il est aisé à chacun, et même à ceux que les circonstances ont privés de l'éducation, d'en apprécier les avantages. Quelle facilité, quelle aisance l'éducation ne donne-t-elle pas dans le commerce ordinaire de la vie? Quelle supériorité ne procure-t-elle pas à l'individu qui la possède? Quels moyens ne fournit-elle pas pour mieux conduire les affaires temporelles, pour parvenir à une certaine indépendance dans la fortune, à une certaine aisance à laquelle la Providence ne défend pas d'aspirer?

Et surtout en développant davantage les facultés intellectuelles, elle peut rendre capable d'une connaissance plus détaillée de la religion, inspirer plus d'attachement à ses devoirs religieux, rendre le cœur plus propre à la vertu, effet que l'éducation devrait toujours produire, si les passions ennemies de la vertu n'interceptaient pas quelquefois son heureuse influence. Mais si, malheureusement, toutes les personnes d'éducation ne sont pas toutes vertueuses, ce serait très mal raisonner que d'en attribuer la faute à l'éducation car l'ignorance doit nécessairement produire et produit en effet beaucoup de vices.

De plus, que tout bon citoyen doive se réjouir de voir se multiplier les moyens de répandre l'éducation en Canada, parce que le Canada a le besoin le plus urgent de l'éducation, il suffit pour s'en convaincre de jeter un regard autour de nous.

Environnés d'une population étrangère, aussi différente avec nous de religion et d'habitudes que d'origine, fière de sa puissance et de sa prééminence acquise sur les autres nations, orgueilleuse de ses lumières, de ses richesses et de ses succès, animée d'un tel esprit public que chaque individu s'identifie avec la nation, que la gloire et l'importance acquises par le corps en général, chaque particulier se l'approprie ; quelle sympathie pouvait-on attendre entre ces fiers bretons et une province sortie d'une nation ennemie et toujours rivale ?

Une lutte devait nécessairement s'en suivre. Quelle différence, quel respect devait-on attendre d'eux pour les droits d'une province que leur intérêt particulier et leur orgueil national leur suggéraient de regarder et de traiter en province conquise ? Ils devaient naturellement tendre à établir en Canada l'ilotisme politique, comme ils l'ont essayé naguère sous un chef trop facile. Forts d'une supériorité que leur donnait une plus profonde connaissance des institutions anglaises substituées aux institutions françaises dans le pays, forts surtout d'une éducation supérieure à celle de la masse des Canadiens, qu'est-ce que ceux-ci pouvaient attendre d'eux ? Le mépris, qu'ils ne nous ont pas épargné depuis la conquête.

Qu'est-ce donc qui sauvera le Canada du mépris, de la dégradation, de l'esclavage politique? L'éducation, l'éducation politique; et si l'on fait réflexion que nos droits religieux reposent sur la même base que nos droits politiques, on ne devra pas trouver étrange que j'appuie, dans la chaire évangélique, sur des considérations politiques que la circonstance amenait nécessairement. Il faut de l'éducation au Canada; on l'appelle de toute part; et quel est celui qui n'a pas entendu ce cri? Il suffit en ce temps d'être soupçonné, non pas d'être l'ennemi de l'éducation, mais seulement de manquer de zèle pour la promouvoir, pour être taxé de lèse-société.

Si l'érection du Collège de Sainte-Anne, considérée du côté politique, doit être un sujet de joie pour tout bon citoyen, tout bon catholique ne doit pas moins se réjouir de voir cette maison entre les mains et sous la juridiction des ecclésiastiques.

Le siècle passé a vu s'élever dans la France un de ces orages politiques qui, formé dans le secret des conspirations, grossi de toutes les passions humaines, est venu, après avoir brisé le lien de tous les devoirs, fondre en torrent sur le trône et l'autel, comme ils étaient mutuellement appuyés l'un sur l'autre, ils ont été renversés tous les deux. Fier de ses succès dans le royaume très chrétien, le philosophisme ne prétendait à rien de moins qu'à étendre sur le monde entier les horreurs de l'anarchie politique et religieuse. Si des promesses divines n'avaient assuré de garantir la barque de saint Pierre de tout naufrage, elle eût péri infailliblement, tant la tempête était redoutable! Elle a pu, au milieu de la tourmente, paraître un instant submergée, mais on l'a vue, soutenue par la main du Tout-Puissant, s'élever au-dessus des flots et continuer sa course immortelle.

Cependant, le calme n'est pas parfaitement rétabli; plusieurs de ces fausses maximes qui ont amené la terrible catastrophe qui faillit anéantir pour toujours en France la religion et ses ministres, ont continué et continuent encore à l'agiter; amenées par le souffle d'un mauvais génie, elles se sont répandues sur d'autres pays et ont pénétré dans notre Canada même, jusqu'à présent si renommé par sa foi. On ne peut plus se le dissimuler, un germe d'impiété, sous le nom de libéralisme, fermente dans plus d'une tête, et gagne tous les jours du terrain dans les hautes classes de la société canadienne.

Plusieurs de nos citoyens d'influence n'ont pas encore abjuré la religion, il est vrai, mais ils ne la regardent plus que comme une institution politique, utile épouvantail pour le petit peuple seulement. On ne lui fait pas, je l'avoue, une guerre ouverte, une guerre de persécution, mais de proche en proche on la resserre, on cherche à l'éloigner des institutions publiques et à la reléguer au fond du sanctuaire. On sent qu'elle sera toujours forte tant qu'elle sera chargée de l'éducation, car elle pourra toujours par ce moyen se recruter.

Pour ne pas faire injure à ma nation, je dois avouer que le mal que je signale n'est pas général, mais peut-être est-il plus étendu qu'on ne le croirait, parce qu'un libéralisme mal entendu devenant à la mode, bien des citoyens, religieux dans le fond, donnent les mains, sans s'en douter, aux vues outrées de ces libéraux. Plaise à Dieu que je me sois trompé dans le tableau que je viens de présenter de l'état actuel de la société en Canada, et que quelques actes publics, sans compter d'autres qui pourront les suivre, et je pourrai ajouter très probablement, n'aient pas déjà justifié mes craintes pour l'avenir.

Et que serait-ce si de tels esprits venaient à s'emparer de l'éducation ? Quelle éducation serait-ce qu'une éducation qui n'aurait pas la religion pour base ? Car quelle morale et quelle vertu, si elle ne reçoit sa sanction de la religion ? Sainte Religion, seule base du bonheur public, comme du bonheur individuel, seule force des empires, comme seule ressource et seule consolation des particuliers dans le triste pèlerinage de notre vie mortelle, puisse-t-elle être toujours florissante dans le Canada ! C'est à l'enseigner, la faire chérir et pratiquer, que le Collège de Sainte-Anne est destiné. Tous ceux qui sont chargés de sa direction sont animés de cette vue. Ils s'y emploieront autant par conviction que par état, bien persuadés de servir par là et l'Église et la patrie.

Unissons nos vœux, messieurs, au sacrifice que ce vénérable pontife va offrir au Dieu Éternel, afin qu'une maison bâtie pour sa gloire soit toujours gardée par sa Providence : car, que pouvons-nous, faibles mortels, sans le secours du Tout-Puissant ? *Nisi dominus œdificaverit domum, in vanum laboraverunt qui œdificant eam.*

ENCORE UN COUP D'ÉTAT !

La Minerve, 12 novembre 1829
Au lendemain du fameux discours
La position délicate de l'évêque

Le Conseil Exécutif s'est assemblé, le Procureur général de la Bureaucratie a tonné à son ordinaire, on a surpris la conscience du chef de l'administration, on a intimidé nos pasteurs, et un citoyen anglais, un prêtre catholique, est exilé du sol natal et relégué dans une terre étrangère, sans examen, sans procès, sans que ses accusateurs osent se montrer devant la majesté des lois qui confondrait leurs iniques persécutions! La voix publique l'annonce, et cependant nous avons peine à le croire; comment a-t-on pu en effet, à une époque si rapprochée de celle où le pays s'est levé en masse pour dire «NOUS VOULONS ÊTRE LIBRES», dans un temps où il y avait tant de plaies à cicatriser, tant de souvenirs à éteindre, oser par une intervention dangereuse arracher à la déplorable faiblesse d'un vieillard la proscription d'un citoyen respectable qu'on enlève à tout ce qu'il a de cher à la Patrie enfin et qu'on exile bien loin hors des limites de son pays?

Mais, dira-t-on, Son Excellence n'a pas absolument exigé le sacrifice; elle a même rejeté les mesures rigoureuses qui avaient été proposées d'abord ; c'est le Conseil exécutif... Eh bien prenons dans toute son étendue le raisonnement qu'on veut faire et poursuivons. Si l'administration n'y avait pas participé, il s'en suivrait qu'il y aurait dans le pays, en dehors de la loi et de la volonté royale, un pouvoir établi ou usurpé, qui serait assez puissant pour proscrire les citoyens, les enlever à l'autorité des lois, intimider les grands dignitaires du sacerdoce et les faire donner servilement leur adhésion à ses coups d'état. Qu'on dise maintenant que Messire Chartier a eu tort de signaler cette faction, de quelque nom qu'elle s'affuble, faction plus puissante que les lois qu'elle foule aux pieds, et que les gouverneurs qu'elle obsède dès leur arrivée de ses perfides conseils, et qu'elle finit même par écouter s'ils ne sont assez soumis.

Le jeune et courageux directeur des études au collège de Ste-Anne ne s'est donc pas rendu coupable de haute trahison, ni d'outrage envers le gouvernement. Il a dit seulement, il n'a même pas dit tout à fait, qu'en général ceux qui sont venus d'outre-mer s'établir parmi nous depuis la conquête ont traité les habitants avec insolence et avec orgueil, qu'ils ont accaparé tous les pouvoirs de l'État, brouillé toutes les idées d'ordre et de gouvernement, entravé l'éducation nationale, et assailli sans cesse nos institutions politiques et religieuses, assurées par la générosité et la justice de la mère-patrie.

Même si Mr Chartier, sans manquer à la vérité la plus exacte, se fut permis des expressions hardies, des épithètes exagérées peut-être, n'avait-on pas des cours et des jurés, des prisons et des bourreaux? Mais on n'eût, même en supposant la possibilité du succès, frappé qu'un individu isolé, et le coup n'eût avili personne; on a mieux aimé traîner le corps entier devant l'exécutif, dans la personne des évêques, pour le convaincre avec éclat de sa dépendance absolue, et de son impuissance en faveur de la victime. On a voulu que l'autorité dont on sapait l'indépendance portât elle-même les coups que décernait l'arbitraire, et fit à ce dernier de ses propres ruines un rempart contre l'opinion.

Nous ne voulons pas cependant dévouer à la haine du pays notre vénérable clergé et les respectables prélats qui le gouvernent. Loin de nous ce dessein coupable; nous savons qu'ils marchent avec nous de cœur et de sentiment, et jamais nous ne chercherons à isoler le peuple d'un corps qui est en général si pénétré des immenses avantages que la constitution nous a promis, et qu'une faction nous dérobe.

Oui, nous aimons à le croire, c'est ainsi que nos évêques auraient parlé s'ils n'eussent pas cru toute résistance inutile. Ils auraient pourtant par là rassuré leurs concitoyens qui vont peut-être croire que tout ce qui tient au culte national dépend du caprice absolu de l'autorité séculière, ou plutôt d'une faction étrangère au pays. Ils n'ont sans doute prêté leur ministère que par la crainte de plus grands maux pour la religion et pour le pays; ils ont consenti à ce qu'un homme innocent fût sacrifié pour le salut de tous; ils connaissaient cet homme et savaient qu'il ne répudierait pas le sacrifice.

Honneur à la victime qui se dévoue pour le repos de son pays!

Que la disgrâce de Mr Chartier vienne de l'autorité ecclésiastique et non de la puissance civile, ce n'est pas moins celle-ci, ou ceux qui en ont usurpé les pouvoirs, qui l'ont en effet ordonnée. Un de nos dignes pasteurs était présent à l'inauguration du collège et avait entendu prononcer le discours dont il s'agit. Si ce discours eût été si séditieux, personne n'était à portée mieux que lui d'en bien saisir la noirceur, il en aurait témoigné son indignation et aurait infligé sur le champ au coupable la peine qui l'attendait plus tard. Rien de semblable n'a eu lieu; peut-être même a-t-on félicité le prédicateur sur la justesse de ses remarques, peut-être a-t-on, dans un repas à la fois religieux et national, félicité le pays de ce qu'enfin on allait voir disparaître les obstacles que l'éducation avait rencontrés jusqu'alors et dont Mr Chartier avait si courageusement indiqué la source.

S'il eût payé immédiatement sa témérité par l'exil, on aurait du moins rendu justice à la conviction consciencieuse des évêques sur sa culpabilité. La peine n'a été infligée que pour condescendre aux désirs d'un pouvoir, ou d'une réunion quelconque, d'aspirants au pouvoir; on est fort honnête quand on se contente de murmurer tout bas le mot de «faiblesse».

Ces réflexions ne perdraient rien de leur justesse quand même Mr Chartier serait coupable d'avoir outré des sentiments généreux; parce qu'il y avait des moyens juridiques et protecteurs de constater son délit et de l'en punir sans lui infliger une peine aussi disproportionnée. Au surplus, quand les accusateurs reculent devant la loi, c'est qu'ils sont bien convaincus qu'elle ne serait pas pour eux.

L'événement qui nous occupe, s'il était confirmé, ou plutôt, car il ne l'est que trop, si on osait en poursuivre l'exécution, serait d'autant plus pénible que Messire Chartier a consacré presque toute sa vie à la philosophie de l'enseignement, et que ses nombreux travaux en ce genre auraient facilité les perfectionnements qu'il se proposait d'adopter, et dont le collège de Ste-Anne allait faire une si heureuse épreuve. Si ce Monsieur a des opinions peu agréables à la

Bureaucratie, ces opinions sont le résultat d'une conviction fondée sur les faits mêmes. Mr Chartier a vécu longtemps dans le monde; il est parvenu, avant d'embrasser l'état ecclésiastique, à une profession honorable; il a jugé par lui-même de la loyauté du pays et la perversité de ses ennemis; il a exprimé sa conviction avec un courage qu'on pouvait attendre de lui plutôt que de jeunes ecclésiastiques qui n'auraient connu du monde et de ses puissances que la vie uniforme des collèges et les dictées bienveillantes d'une toute paternelle autorité.

L'AFFAIRE MALHEUREUSE

La Minerve, 16 novembre 1829
Les conséquences du discours
Colère et exil

... il paraît que cette affaire est beaucoup plus déplorable que nous n'avions pu nous l'imaginer; plus déplorable, disons-nous, parce que si nous en croyons des avis dignes de foi, nos seigneurs évêques n'auraient pas attendu l'ordre ni les menaces de l'Exécutif pour trouver condamnable ce qu'ils n'avaient pas désapprouvé auparavant, mais que les discours de quelques individus, endoctrinés ou suscités par la Bureaucratie, auraient suffi pour leur inspirer les plus grandes frayeurs et pour les porter à l'acte contre lequel l'opinion publique s'est prononcée si fortement.

Il paraît que du moins Son Excellence n'y a pris aucune part... Le Conseil Exécutif n'est pas non plus à blâmer du moins comme corps... Il paraît que les fonctionnaires publics ni les conseillers n'ont tenu aucune délibération officielle; que Son Excellence n'a ni exigé ni approuvé même peut-être les mesures rigoureuses qui ont été adoptées contre Mr Chartier.

Ce n'est pas la Bureaucratie constituée qui a commandé, c'est le journalisme bureaucratique, ce sont les sourdes intrigues du parti qui ont annoncé le dénouement. Il paraît qu'un honorable personnage, et peut-être quelques autres personnes plus ou moins liées avec le gouvernement, on pris sur eux, sans mission sans doute, de se donner comme les interprètes de l'administration, de dire à nos seigneurs qu'elle était indignée du discours de Mr Chartier et qu'elle s'attendait que l'épiscopat sévirait d'une manière rigoureuse et exemplaire; que les évêques ont, par suite, décidé que le discours était criminel, qu'ils ont mis une extrême promptitude à expédier à Ste-Anne un ukase fort laconique où il était dit que toutes occupations cessant, Mr Chartier eût à se rendre à Québec avec ses effets.

Une obéissance si prompte devait être méritoire; il fallait peut-être même fléchir un courroux qui pouvait ne se pas contenter du châtiment du coupable; on rapporte donc que les évêques, nous ignorons si c'est avant ou après avoir expédié l'ordre de rappel, allèrent au Château St-Louis dire qu'ils savaient combien le discours de Mr Chartier méritait une juste colère, qu'aussi que ce Monsieur allait être déplacé et devait se rendre à une mission dans le Nouveau-Brunswick; que Son Excellence répondit à peu près que puisque leurs Seigneuries avaient trouvé

Mr Chartier coupable, c'était leur affaire, et qu'il n'entendait pas se mêler du culte catholique.

Cependant, Mr Chartier est arrivé à Québec, et on lui a dit, pour toutes raisons, qu'il eût à partir pour Caraquet. Il est probable qu'on avait donné à entendre que cette mesure était demandée par l'Exécutif; ou du moins adoptée par rapport à lui; et de ce qu'il était impossible à des Canadiens de supposer que le clergé eût pris l'initiative, on en aura conclu que des mesures formelles avaient été prises par le gouvernement. Cette nouvelle s'est accréditée au grand mécontentement du pays et c'est ainsi que par un zèle outré qui n'a pas dû être fort agréable à l'administration, on a compromis auprès du peuple et la religion et le gouvernement.

Nous ne voulons pas entrer ici dans le mérite du discours de Mr Chartier. Quoique nous n'y trouvions rien de criminel; il y aurait peut-être eu de l'imprudence à le publier, si la chose n'eût pas été faite sans sa participation. Mais l'espèce de dégradation et l'exil dont on le punit, outre leur excessive rigueur, sont de nature à ôter au peuple la confiance dans son avenir politique et religieux, à mettre le clergé dans la dépendance absolue du pouvoir exécutif et à montrer l'inexorable lettre de cachet à tout prêtre qui, à la fois par une conduite patriotique et modérée, voudrait faire connaître que quelques liens l'attachent au pays, qu'enfin la loi lui laisse ses droits de citoyens, comme elle lui laisse celui de voter dans le choix des représentants du peuple.

Cette mesure a été offerte, peut-être, en expiation de la tache de libéralisme dont Mr Chartier nous a gratifiés ; elle aura donc malheureusement le double effet de faire connaître que le clergé n'a pas confiance dans le peuple, et que ce dernier ne peut compter sur ses pasteurs pour la protection de son indépendance politique et religieuse dans les bornes voulues par la constitution. Du moins cette scission là, si elle avait malheureusement lieu, ce ne serait pas le peuple qui l'aurait amenée. Espérons que la désunion ne sera que passagère, qu'une confiance mutuelle cimentera de nouveau une alliance indissoluble entre tout ce qui est canadien, qu'enfin chacun comprendra sa position.

Le pays, sans exception de rangs, aime la religion, la respecte, l'honore ; en dépit de leur libéralisme prétendu, tous les Canadiens la regardent comme un dépôt précieux, non comme une invention faite pour épouvanter le petit peuple, mais comme une institution divine de nécessité absolue pour les mœurs des individus et des nations et comme ayant journellement en particulier les plus heureux effets dans notre province. Fidèles à ces sentiments que nous nous honorons de partager, nous ne voulons pas contester la juridiction légitime des évêques sur les prêtres de leur diocèse; mais comme dans le cas actuel, des circonstances particulières ont accompagné l'exercice de cette juridiction, comme les causes qui l'ont amenée et le temps où on l'a mise à effet se rapportent à des institutions qui doivent nous être chères, comme ces circonstances ont excité au plus haut degré l'attention du pays dont elles ont failli même compromettre la sécurité : elles étaient de notre domaine, nous avons rempli notre devoir en nous en occupant.

Les causes politiques qui ont présidé à cette affaire méritent surtout nos réflexions. Si nos seigneurs avaient jugé dès l'abord le discours séditieux, s'ils s'étaient décidés à le punir d'après leurs propres principes, nous aurions peut-être intérieurement regretté qu'il en fût ainsi, nous n'aurions pas déversé la censure sur leur conduite. Mais si les expressions de ce discours ne sont devenues criminelles qu'avec les prétendues frayeurs qu'on a alléguées aux Évêques, si enfin la culpabilité du jeune prédicateur a grossi pour eux en raison des déclarations des journaux d'un parti, s'ils ne l'ont vue qu'à travers cette lanterne magique, comment leurs seigneuries veulent-elles qu'on croie à la fixité de leurs principes et qu'on les regarde comme au-dessus des ressorts d'une vaine fantasmagorie?

LETTRE DU CURÉ CHARTIER À PAPINEAU

Novembre 1839

Extraits tirés du

Bulletin de recherches historiques (1937)

Monsieur... Comme une fausse sécurité est, de toutes les situations, la plus dangereuse, je crois donc que vous faire connaître le terrain mal assuré sur lequel vous marchez... Veuillez donc entendre, Monsieur, au moins de sang-froid et avec patience ce que l'on pense généralement de vous et les reproches que l'on vous fait.

On vous reproche:

- D'avoir amené *directement* le Gouvernement à commencer l'attaque en novembre 1837, sans avoir songé à vous préparer à la défense.

À présent que les Canadiens ont été pris au dépourvu et qu'ils n'ont pu faire une défense efficace à St-Charles, faute de moyens suffisants; que nous disions tous, et que vous publiez tant en Amérique qu'en France, que nous ne songions pas alors à la révolte, que nous entendions nous borner à une agitation constitutionnelle; c'est fort bien pour couvrir, je ne dirai pas, la honte de notre défaite, car au moins le peuple a fait sa part de la résistance, avec honneur, mais l'imprévoyance de ses chefs, qui auraient dû le pourvoir des armes et ammunitions nécessaires; c'est-à-dire (et la vérité me force à en venir là) l'imprévoyance de vous, Monsieur, sur qui tous les autres se reposaient, de vous qui depuis si longtemps vous étiez constitué ou laissé constituer le chef, le guide premier du peuple, et qui par vos discours et vos démarches de tout l'été, aviez pris sur vous la principale responsabilité des mesures que vous faisiez adopter aux autres, et de la marche dans laquelle vous entraîniez tous les amis de la réforme après vous.

Mais que vous vous hasardiez à répéter à vos compatriotes que vous ne vouliez pas une révolution, comme on me dit que vous osâtes le déclarer à feu M. Drolet, de St-Marc, la veille de l'attaque de St-Denis, vous pouvez prendre ma parole, Monsieur, que cette protestation de votre part n'obtient aucune créance auprès des Canadiens, qui ont vos discours et vos actes devant les yeux.

Eh! monsieur, ce n'est pas seulement par vos actes de l'été 1837 qu'on peut vous convaincre d'avoir amené directement la révolution au Canada; on peut en assigner contre vous l'origine à une époque bien antérieure. Lors de la discussion des 92 Résolutions, il était évident pour les moins clairvoyants que l'attitude que prenait la Chambre d'Assemblée allait placer la Colonie, vis-à-vis du Gouvernement anglais dans une position telle qu'il allait falloir absolument ou que l'Angleterre cédât, ou que la Colonie se préparât à soutenir ces 92 Résolutions les armes à la main.

C'est vous, Monsieur, qui étiez-dès alors au pinacle de votre gloire et au fort de votre influence parlementaire, et qui d'ailleurs étiez le véritable auteur des 92 Résolutions, dont un autre fut tout au plus le rédacteur et un troisième, le moteur; c'est vous, dis-je, qui entraînâtes la Chambre d'Assemblée, et la Province ensuite, dans cette route hasardeuse... Depuis cette époque, tous vos adhérents, à votre exemple, prirent pour devise *Tout ou Rien,* et par eux la proposition de toute voie mitoyenne d'accommodement partiel fut proclamée «un abandon de principes» et devint un arrêt de proscription contre tous les prétendus semi-patriotes; ce qui opéra cette fatale division entre les membres de Québec et ceux de Montréal.

Enfin le 9 mars 1837, la rupture fut complétée entre la Province et la Métropole par l'adoption des trop fameuses Résolutions Russell. Les *patriotes purs,* justement appelés le Parti-Papineau, ne furent point épouvantés à la vue de l'orage qui s'avançait menaçant contre la Colonie; bien loin de le conjurer, ils en hâtent pour ainsi dire la rapidité par leurs clameurs et leurs vœux. Alors vous commencez cette marche vraiment triomphale de comté en comté, et il faut l'avouer, vous vous prêtez facilement aux démonstrations les moins équivoques de l'hostilité populaire contre le Gouvernement. Les Résolutions les plus insurrectionnelles rédigées par vous se passent sous vos yeux et à l'unisson avec la véhémence de vos propres discours.

De ces démonstrations des assemblées de comté on en passe aux actes. Tout citoyen qui tient une commission du Gouvernement, soit dans la magistrature, soit dans la milice, est tenu d'abdiquer sous peine d'apostasie patriotique; et qui se refuserait à cet acte de rupture avec le Gouvernement, serait sûr d'avoir un charivari ou un cheval tondu. Les écrits les plus - disons le mot - séditieux des presses patriotiques, les procédés les plus hardis du Comité-Central de Montréal, sous votre présidence ou au moins votre patronage, les démonstrations partielles de comtés, tout cela n'est pas encore jugé suffisant.

Quand on vous a vu tout l'été vous porter d'un bout de la province à l'autre, vous dont on connaissait les habitudes sédentaires et qu'on savait si extraordinairement attaché au foyer domestique; quel autre motif a-t-on pu donner à vos démarches, sinon que devant douter que le peuple, peu instruit, n'était peut-être pas arrivé à une hauteur telle qu'il fût prudent pour les chefs de prendre l'offensive, vous vouliez vous assurer s'il aurait au moins assez de science politique pour comprendre la nécessité de la résistance en cas d'attaque, c'est-à-dire assez d'énergie pour repousser le fer et le feu de sa personne et de ses propriétés; en un mot, que c'était dans l'intention de juger par vous-même si le peuple était mûr pour la révolution, ou de sa maturité, que vous avez porté de campagne en campagne la chaleur et l'enthousiasme de vos discours de feu dans les assemblées de comtés?

Convenez encore que la plantation d'un poteau de la Liberté pour couronner les procédés d'une telle assemblée [l'assemblée des Cinq Comtés, à Saint-Charles, en octobre 1837], était bien l'équivalent du déroulement d'un étendard de la révolte. Quel homme, tant soit peu sensé, qui, en lisant le rapport de ce qui s'était dit et fait à l'assemblée des Cinq Comtés, n'ait pas dû regarder immédiatement la révolution comme inévitable? À moins donc qu'il n'eût espéré que par impossible les officiels coloniaux et toute la race anglo-saxonne pussent dépouiller tout à coup leur fierté et leur susceptibilité si connues, pour se laisser braver impunément par ceux pour qui ils avaient de tout temps affecté le mépris? Convenez donc, Monsieur, que, quoi que vous en disiez, le pays a dû croire que vous vouliez la révolution. Et l'association des Fils de la Liberté, formée sous votre patronage, et leur adresse si semblable à la Déclaration d'Indépendance de 76, et leurs exercices réguliers dans les champs et leurs processions dans les rues, et leurs hourras et autres bravades sous vos fenêtres; tout n'autorisait-il pas à croire que vous vouliez la révolution?

* * * *

- Étant attaqué dans le sud, quoique sans vous y attendre, comme vous le prétendez; si encore vous eussiez montré la détermination qu'on devait attendre de vous et dont votre position vous faisait un si impérieux devoir; si, sans charger le mousquet, puisque vous n'êtes pas militaire, vous vous fussiez seulement montré pour encourager du geste et de la voix, ou par votre seule présence, le peuple que vos discours avaient peu de semaines auparavant soulevé, St-Charles restait aux patriotes, la déroute de Wetherall devenait complète, l'espérance faisait lever tous les Canadiens en masse et le découragement attérait les torys: le Canada serait enfin aujourd'hui à nous.

On sait aujourd'hui que les troupes épuisées de courage et d'ammunitions, étaient à la veille de lâcher prise lorsque les patriotes mal secondés par leur général Brown ont abandonné le champ de bataille. Hélas que n'avez-vous été là ! Qu'auriez-vous eu à craindre, surtout après une première victoire? N'est-il pas vrai que dans l'enthousiasme que vous inspiriez, chaque Canadien vous eût fait un rempart de son corps? Pour vous sauver, ils eussent été invincibles; et ce second succès eût assuré la révolution. Au nom de Dieu, qui vous pressait de vous sauver le premier aux États-Unis même dès le commencement du combat de St-Denis? Ne deviez-vous pas penser qu'en partant vous faisiez tomber les armes des bras du peuple, et que vous livriez le pays à des forcenés qui avaient déjà un prétexte pour mettre tout à feu et à sang? Supposant que vous auriez été forcé à St-Charles, qui vous aurait empêché de retraiter sur un autre point, toujours dans la direction de la frontière? Croyez-vous que dans une autre paroisse vos forces ne se seraient pas augmentées, surtout si vous vous fussiez occupé à donner des ordres?

Vous étiez tout-puissant alors par la confiance illimitée des gens; vous n'auriez eu qu'à ordonner pour être obéi, et chacun se serait fait une gloire de se signaler sous vos yeux. Est-il croyable qu'avec tant soit peu d'énergie, à la tête de tout le district de Montréal, vous n'auriez pas pu résister à deux mille hommes de troupes qui se trouvaient en tout et partout dans la Province? Les torys n'auraient pas été plus braves ni plus aguerris que nos habitants; et vous auriez pu en envoyer dix contre un! Mais non: ô douleur! Vous n'avez pas seulement essayé de faire de la résistance individuellement. Hélas! Que la nature ne vous a-t-elle donné autant de courage que d'éloquence! Vous seriez peut-être aujourd'hui glorieusement assis dans le fauteuil présidentiel de la République Canadienne, et nous, les orgueilleux admirateurs de notre premier magistrat! Nous sommes forcés de reconnaître, avec un amer regret, que vous ne vous êtes pas montré au jour du danger tel qu'on devait s'y attendre, et tel qu'on le lit dans votre discours imprimé de St-Laurent. C'est là le 2e reproche qu'on vous fait, et pour lequel vos meilleurs amis, M. Wolfred Nelson lui-même, n'osent entreprendre de vous justifier.

LETTRE DE RÉTRACTATION
DE M. L'ABBÉ ÉTIENNE CHARTIER

Ancien curé de Saint-Benoît
à S.G. Mgr Ignace Bourget
Évêque de Montréal

Dans *la Gazette de Québec* et *le Canadien*
(Décembre 1841)

Monseigneur,

Sans admettre la vérité de tous les bruits qui ont circulé sur mon compte lors des troubles politiques de 1837 (car je suis parfaitement étranger aux mouvements encore plus déplorables de 1838), je dois reconnaître que ma conduite, dans ces circonstances critiques, n'a pas été celle qu'il convenait à un prêtre, à un pasteur de tenir. C'est pour obéir à ma conscience que j'en fais l'aveu spontané, sincère et public. Je sens qu'il serait inconvenant que je reparusse à l'autel dans ce pays, si j'y apportais avec moi, aux yeux du public, le scandale du simple soupçon que j'approuve encore les faits de cette époque malheureuse et les principes anarchiques et anti-catholiques d'où ces faits ont dérivé.

Je reconnais aujourd'hui, avec regret, que je me suis laissé aveugler par les passions politiques du temps, que je me suis fait une fausse conscience par les distinctions abstraites d'une métaphysique captieuse, pour appuyer ma résistance coupable et scandaleuse aux décisions de mes supérieurs ecclésiastiques qui ne faisaient que promulguer l'enseignement formel de l'Église universelle et dans tous les temps.

Par ce refus d'une juste déférence, j'ai fait tort, autant qu'il était en moi, à l'autorité épiscopale, en affaiblissant le respect et l'influence qu'elle devait obtenir auprès du peuple, et de plus, j'ai fait une injure très grave à la personne de mon évêque d'alors, feu l'illustre Seigneur Lartigue, qui était trop instruit de l'histoire et de la doctrine de l'Église pour n'en pas comprendre parfaitement le véritable enseignement, et trop bon Canadien, trop au-dessus de toutes les craintes humaines, trop vrai patriote, je puis dire, pour outrer les doctrines du christianisme et refuser à ses concitoyens (à qui il n'a jamais hésité de reconnaître des sujets de plaintes), tout le profit d'une résistance légitime que la morale aurait pu avouer, mais qui était trop consciencieux pour faillir à son devoir en permettant le dévergondage du temps, aussi opposé à la morale chrétienne qu'à la saine politique: aussi l'époque reculée de son Mandement (qui précéda de quelques jours seulement les premiers troubles à Montréal), fait-elle voir avec quel effort sa conscience l'a arraché à son patriotisme.

Je dois cette juste réparation, et c'est avec un plaisir indicible que je la fais, à l'heureuse mémoire de ce *Grand Évêque*, digne d'être la première souche de l'épiscopat de Montréal, dont ses successeurs se feront toujours gloire de descendre, à qui j'ai donné plus de sujets réels de se plaindre de moi que je n'en ai eus de me plaindre de lui, quoique mes clameurs aient été parfois si hautes contre lui.

Ma conduite encore en 1837 ne peut pas se justifier sous un autre point de vue. Lors même que j'eusse été de bonne foi dans mes théories, toutes métaphysiques, dans ma théologie toute politique, dans cette théologie plus protestante que catholique, toujours c'était une témérité bien condamnable, et tout-à-fait inexcusable de ma part, que de m'établir en pratique le juge de mon évêque, de faire plier ses décisions et celles des autres évêques sous le poids si minime des opinions, seules, particulières, de mon mince individu.

Et j'ai pu être coupable d'un tel acte d'insubordination, sans me le reprocher! J'ai pu tomber dans un tel égarement, sans que ma conscience en ait été effrayée! J'ai pu voir toutes les illégalités du temps, qui me paraissent si condamnables aujourd'hui, et trouver pour tous ces excès une excuse à mes yeux! Et pourtant j'avais une foi vive sur tout autre point, une conscience, je pourrais dire, délicate sous tout autre rapport; je n'avais certainement pas alors perdu la crainte de Dieu: comment donc expliquer tout cela?

Que le monde prenne ici deux leçons de moi: c'est que les passions politiques, les passions que j'appellerais publiques, aveuglent comme toute passion individuelle et pour des objets privés; et je ne me suis jamais mis en garde contre les premières; je ne faisais même pas attention qu'elles sont à éviter avec le même soin que les secondes, quoiqu'elles soient estimées quelque chose de moins honteux que ces dernières.

Et puis, chez moi, l'étude du droit public a précédé celle de la théologie, et j'ai apporté à cette dernière un esprit préoccupé et déjà vicié par les notions trop relâchées des publicistes, qui trop généralement dans leurs spéculations, sont dupes d'eux-mêmes, à leur insu peut-être, en écoutant trop ce sentiment déréglé d'indépendance, si naturel à l'orgueil humain toujours impatient du joug de l'autorité, et qui a donné naissance à la doctrine de la souveraineté du peuple, trop révoltante, il est vrai, pour que j'en aie jamais été dupe, et aussi à d'autres notions plus spécieuses sans être moins funestes dans la pratique; mais notions que ne peut admettre le christianisme, religion de l'ordre par excellence, qui déclare une guerre impitoyable à tout sentiment ou passion quelconque qui n'a sa source que dans la déprédation originelle.

Voilà qui explique pourquoi les hommes publics d'alors, plus imbus, et plus instruits de la politique que du christianisme, ont trop écouté, comme moi, les sentiments des mécontentements politiques du temps, ont trouvé, et trouvent encore, pour la plupart, que la doctrine du clergé catholique est outrée, est trop sévère, restreint trop les droits naturels de l'homme : oui, les droits qui ne sont effectivement que trop naturels à l'homme déchu par le péché ; mais non les droits naturels de l'homme dans l'ordre de cette nature primitive d'où le péché original l'a fait sortir, et où c'est la belle tâche, la divine mission du christianisme de le ramener ; en prêtant à l'individu la grâce qui vient de la rédemption, pour lui servir d'un contrepoids à ses passions déréglées, et rétablir dans son âme l'ordre naturel de son état d'innocence primitive ; d'où il suit que dans une société toute composée de vrais chrétiens, il ne pourrait y avoir occasion à la révolte, et en lui présentant les immortelles récompenses pour compensation des maux qu'il a à souffrir des passions des méchants : raison pourquoi le christianisme peut ne pas permettre, sans qu'on ait à s'en plaindre, le désordre de la révolte à un peuple, pour venger ou corriger les maux qu'il souffre des désordres de ses gouvernants, comme je crois fermement aujourd'hui que les Saintes Écritures nous garantissent qu'il ne le permet pas.

Voilà la sublime notion que les passions politiques de 1837 m'ont fait oublier pour un temps : voilà qui explique comment j'ai pu continuer alors l'exercice de mes fonctions sacrées, sans m'apercevoir que j'en étais indigne ; car assurément je n'étais pas capable de les profaner sciemment. Ainsi donc les laïcs voudraient que le clergé canadien cessât d'être un clergé chrétien, s'ils exigent que le clergé plie sa théologie aux passions populaires, pour le plaisir d'être inconséquent, et de faire... je ne dis pas pour finir ma période, mais c'est un fait dont les preuves sont encore fumantes sur notre sol, et de faire le malheur du peuple.

J'ai donc eu grand tort, je suis donc infiniment blâmable de n'avoir pas suivi la marche qui me fut dictée par la conscience et la prudence de mes supérieurs, et qui fut suivie par le reste du clergé. J'en ai été puni ; je le méritais ; je ne m'en plains plus. Je reconnais que la singularité de ma conduite a été non seulement répréhensible, mais même insultante pour le clergé, et, je dois dire, ridicule ; et que je dois aussi une ample apologie à mes confrères pour l'impopularité dont ils furent alors l'objet, les déboires qu'ils eurent à essuyer de la part des patriotes généralement, en conséquence du contraste de ma conduite et de mes principes avec les leurs. Tandis que tout le clergé, en phalange serrée, uni comme un seul homme par l'obéissance au supérieur... quel spectacle au milieu de la désorganisation générale!... s'opposait « comme un mur » au torrent politique qui entraînait dans une ruine commune, moi! mon peuple et tout le pays; quelle était ma position? Seul! dans l'isolement! avec mon faux patriotisme.

Quelle situation pour un prêtre, quand j'y réfléchis aujourd'hui de sang-froid! Qu'y faisais-je? Je me taisais, lorsque ma charge de pasteur aurait dû me faire élever la voix, de toute la force de mes entrailles, plus haut que les clameurs de mon peuple, pour les arrêter dans leur aveugle entraînement, lors même que j'eusse été sûr de n'en pas être écouté. Je me taisais et je m'applaudissais en moi-même de mon courage insensé, qui me portait à affronter les dangers dans lesquels je voyais mon peuple prêt à s'embarquer! Dans quel aveuglement donc un homme qui sort de l'obéissance, qui se prend lui seul pour guide, ne peut-il pas tomber! Pauvre raison humaine, qui ne craindra pas ton insuffisance à faire voguer l'homme au-dessus des flots des passions! Hélas! tant de débris épars de tous côtés sur les traces de l'histoire même des contemporains auraient dû m'avertir assez!

Je dois donc reconnaître aujourd'hui franchement que le clergé s'est montré, en cette occasion, plus que moi, l'ami du peuple, en résistant au mouvement d'alors au péril même de sa popularité. Cependant je me dois à moi-même de dire, et on me le pardonnera, je l'espère, que ce n'est pas la crainte de l'impopularité qui m'a fait forfaire à mon devoir : j'aurais été capable pour la conscience, de la braver alors, comme je la brave aujourd'hui ; mais j'étais aveuglé. Je reconnais que le clergé, au milieu de cette tourmente, le calme de la religion, la résignation de la vertu, une constance vraiment pastorale, que je voudrais pour tout au monde aujourd'hui avoir imitée, et qui doit lui concilier l'estime de tous les citoyens prudents et modérés, à l'exception seulement des exaltés pour qui la conscience et l'expérience du passé sont nulles.

Pour conclusion, je désavoue pleinement et entièrement le passé ; je rétracte, sans restriction, tout ce que j'ai pu dire ou faire à l'appui des mouvements de 1837 ; et mon désir le plus vif, mon souhait le plus ardent est que tous ceux qui ont pu être influencés par ma conduite d'alors, se réunissent de cœur et d'esprit à leur clergé, lui redonnent leur entière confiance, dont il continue de se montrer si digne, à l'exemple de Votre

Grandeur, Monseigneur, en qui l'amour de vos ouailles est littéralement toute l'âme et la vie; et qu'ils marchent d'un pas accéléré dans la voie de la réforme morale et du renouvellement religieux qui sont si heureusement en progrès au Canada, et qui viennent soulager l'âme de l'horreur de ces jours malheureux.

J'espère, Monseigneur, que cette lettre suffira pour prouver à Votre Grandeur les dispositions d'humble soumission et les sentiments de respectueux attachement de votre obéissant serviteur.

CHRONOLOGIE

Quelques repères dans la vie
du curé Chartier

1798 Naissance d'Étienne Chartier.
 à Saint-Pierre-de-la-Rivière-du-Sud.

1811 Entrée au petit séminaire de Québec.

1818 Un des témoins au mariage de Papineau.
 Termine ses études au petit séminaire.
 Entreprend ses études de droit.

1820 Devient rédacteur en chef du *Canadien*.
 S'intéresse aux questions d'éducation.

1821 Démissionne du journal.

1823 Est reçu avocat.

1825 Crée une école à l'Assomption.
 Songe à devenir prêtre.
 Mgr Plessis n'en veut pas à Québec.
 Mgr Lartigue lui confère la tonsure.

1826 Admis au grand séminaire de Québec.

1828 Au repos en raison de la maladie.
 Fait des travaux sur l'éducation.

Il est ordonné prêtre.

Nommé vicaire à St-Gervais.

1829 Il bénit le mariage d'Étienne Parent

Directeur du collège de Sainte-Anne.

Prononce le discours inaugural.

Rumeurs de son exil en Acadie.

1830 On lui impose six mois de réclusion.

Il quitte le collège.

Auxiliaire à Saint-Nicolas.

Vicaire à Vaudreuil.

1831 Curé de Sainte-Martine.

Correspond avec Ludger Duvernay.

1832 Se dévoue auprès des cholériques.

1833 Curé de Saint-Pierre-les-Becquets.

Dessert St-Jean-Deschaillons.

1834 Nommé curé à la Rivière-du-Loup.

1835 Nommé curé de Saint-Benoît.

Dessert Saint-Hermas

1836 Graves incompréhensions avec l'évêque.

1837 S'enfuit de St-Eustache le 14 décembre.

C'est le début d'une longue errance.

1838 Mgr Lartigue le suspend.

Sa tête est mise à prix par Durham.

Actif avec les patriotes au Vermont.

Devient curé à Philadelphie.

Papineau va le voir à Philadelphie.

Curé à Salina, près de la frontière.

Les insurgés se détournent de Papineau.

Chartier s'interroge...

1839 Il souhaite envahir le Bas-Canada.

Traverse souvent la frontière incognito.

C'est la lettre à Papineau.

Il lui demande de se justifier.

1840 Délégué auprès de Papineau.

Il se rend à Paris.

Sa rencontre avec Papineau le trouble.

Veut aller à Rome plaider sa cause.

Lettres à Duvernay et W. Nelson.

Revient aux États-Unis.

Il est nommé curé de Madisonville.

1841 S'éloigne du mouvement révolutionnaire.

Revient brièvement au Canada.

Demande pardon à Mgr Bourget.

Sa rétractation paraît dans les journaux.

On lui conseille de demeurer aux USA.

1842 S'installe de nouveau à Madisonville.

Les Frères de Saint-Joseph l'attirent.

1843 Supérieur du grand séminaire
de Vincennes.

1844 Curé des Avoyelles, en Louisiane.
Vicaire à la Nouvelle-Orléans.
Souhaite revenir dans son pays.

1845 Dessert les Canadiens de Détroit.
Il revient enfin...
Nommé curé de Mont-Saint-Grégoire.
Dessert Ste-Brigitte et Farnham.

1849 Curé de Sainte-Philomène.

1850 Curé d'Arichat, en Nouvelle-Écosse.

1851 Vicaire-général d'Arichat (Antigonish).
Curé de Saint-Gilles-de-Lotbinière.

1853 Il meurt le 6 juillet à Québec.
Il est inhumé à Saint-Gilles.

TABLE DES MATIÈRES